本书由国家民委民族研究项目"西南民族地区资源型产业低端锁定困境突破路径研究"（2020-GMB-025）；广西高等学校千名中青年骨干教师培育计划人文社会科学类课题"滇桂黔资源型地区推进降碳与经济稳增长双目标路径研究"（2023QGRW034）资助出版

西南地区资源型产业低端锁定研究

高安刚／著

知识产权出版社
全国百佳图书出版单位
— 北 京 —

图书在版编目（CIP）数据

西南地区资源型产业低端锁定研究 / 高安刚著. --北京：知识产权出版社，2025.8.
ISBN 978-7-5130-9792-5

Ⅰ.F127.7

中国国家版本馆CIP数据核字第2025FJ4689号

责任编辑：李小娟　　　　　　　　　　　　　　责任印制：孙婷婷

西南地区资源型产业低端锁定研究
XI-NAN DIQU ZIYUANXING CHANYE DIDUAN SUODING YANJIU

高安刚　著

出版发行：知识产权出版社有限责任公司	网　　址：http://www.ipph.cn
电　　话：010-82004826	http://www.laichushu.com
社　　址：北京市海淀区气象路50号院	邮　　编：100081
责编电话：010-82000860转8531	责编邮箱：laichushu@cnipr.com
发行电话：010-82000860转8101	发行传真：010-82000893
印　　刷：北京中献拓方科技发展有限公司	经　　销：新华书店、各大网上书店及相关专业书店
开　　本：720mm×1000mm　1/16	印　　张：14.25
版　　次：2025年8月第1版	印　　次：2025年8月第1次印刷
字　　数：212千字	定　　价：79.00元

ISBN 978-7-5130-9792-5

出版权专有　侵权必究

如有印装质量问题，本社负责调换。

目 录

第1章 绪　　论 ···001
 1.1 研究背景与研究意义 ··001
 1.2 研究目标、研究内容与研究方法 ··003
 1.3 章节安排与技术路线 ··006

第2章 文献综述及理论框架 ···009
 2.1 文献综述 ···009
 2.2 理论框架 ···018

第3章 西南地区经济及资源型产业发展的基本现状 ················025
 3.1 西南地区经济发展总体现状 ···025
 3.2 分省(区)的经济发展总体现状 ···031
 3.3 西南地区资源型产业总体现状 ···041
 3.4 分省(区)分行业的资源型产业现状 ··050

第4章 西南地区资源型产业低端锁定的评价 ··························090
 4.1 评价指标 ···090
 4.2 评价方法 ···090
 4.3 数据来源 ···091
 4.4 评价结果分析 ··092

第5章 西南地区资源型产业低端锁定困境的影响因素分析 ·····119
 5.1 创新要素方面 ··119
 5.2 创新环境方面 ··123

第6章 西南地区资源型产业案例研究 ·····································144
 6.1 百色市铝工业突破低端锁定的实践:价值链延伸与绿色转型 ···144

6.2 技术与制度视角下农业资源型产业价值链攀升：
柳州螺蛳粉产业的蜕变 ································· 148

6.3 个旧市有色金属产业：价值链攀升与绿色产业集群 ········· 159

6.4 普洱市农业产业价值链攀升：将资源经济做绿做新 ········· 162

6.5 黔南州资源型产业升级：从"肥料级"到"电子级" ········· 167

6.6 毕节市资源型产业的价值链攀升：
从煤炭的"独奏"到超越煤炭的"交响" ················· 172

第7章 西南地区资源型产业突破低端锁定困境的对策建议 ········· 177

7.1 战略层面 ······································ 177

7.2 具体策略层面 ·································· 178

第8章 研究结论、研究不足与未来展望 ························· 186

8.1 研究结论 ······································ 186

8.2 研究不足 ······································ 190

8.3 未来展望 ······································ 191

参考文献 ·· 192

附　　录　主要原始数据 ································ 203

第1章 绪　　论

1.1 研究背景与研究意义

1.1.1 研究背景

资源型产业是我国产业体系中的一类典型产业,其主要以矿产等不可再生资源的开采与加工为主要发展路径,其转型与升级关系到国民经济的增长质量,因此一直受到党和国家的高度重视。党的十九大报告明确指出,实施区域协调发展战略,支持资源型地区经济转型发展。❶党的二十大报告提出,积极稳妥推进碳达峰碳中和,立足我国能源资源禀赋,坚持先立后破,有计划分步骤实施碳达峰行动,深入推进能源革命,加强煤炭清洁高效利用,加快规划建设新型能源体系,积极参与应对气候变化全球治理。❷党的二十届三中全会通过的《中共中央关于进一步全面深化改革、推进中国式现代化的决定》指出:"建立生态环境保护、自然资源保护利用和资产保值增值等责任考核监督制度。"❸《推进资源型地区高质量发展"十四五"实施方案》则进一步明确了资源型产业高质量发展的具体策略。推动资源、环境与经济的协同发展,事关我国经济社会的全面绿色转型,而由于资源型产业以矿产资源等自然资源为依托,是实现经济绿色低碳转型目标的关键着力点。

---

❶ 乔晓楠,张月莹.体制改革、机制创新与资源型地区转型发展[EB/OL].(2018-07-10)[2024-06-06]. https://www.rmlt.com.cn/2018/0710/522892.shtml.

❷ 聚焦二十大｜坚持先立后破 积极稳妥推进碳达峰碳中和[EB/OL].(2022-10-21)[2024-07-05]. http://news.sohu.com/a/594329807_121106991.

❸ 完善生态文明基础体制[EB/OL].(2024-08-05)[2024-06-06]. https://www.rmlt.com.cn/2024/0805/709036.shtml.

资源型地区依靠其丰富的自然资源为地区乃至国家的经济增长做出了重大贡献,这种现象被称为"资源福音"效应[1]。但是,不可忽视的是,许多拥有丰富自然资源的国家和地区却长期陷入经济低迷状态。对自然资源过度依赖的发展模式具有高耗能、高排放的特点,导致了诸多问题,如经济结构失衡、失业和贫困人口众多、替代产业发展乏力、生态环境破坏严重及维护社会稳定的压力巨大等[2]。这些问题使资源型城市逐渐失去了投资的吸引力,经济转型举步维艰[3]。随着"双碳"目标和全面绿色转型战略的深入实施,资源型产业面临着寻求新的增长点与节能减排的双重压力。

中国西南地区位于长江上游,内接长三角和珠三角两大国家经济引擎,外联东南亚、南亚次区域。西南地区矿产资源种类多、储量大,已发现矿种多达130种,其中有色金属约占全国储量的40%。在全国重点规划和部署的19个重要成矿(区)带中,西南地区有4个。因此,该地区在国家经济发展乃至对外开放中具有重要且独特的枢纽地位。西南地区依托丰富的自然资源,发展资源型产业,显著促进了经济增长及民生改善。然而,该地区也面临着低端锁定的困境,主要表现在以资源开采、初级加工为主导的粗放型发展模式,导致资源型产业长期处于技术水平低、附加值小的价值链低端,这严重限制了西南地区现代化经济体系的建设。因此,应如何推动西南地区资源型产业突破低端锁定困境,已成为我们亟待解决的重大现实问题。

基于此,国家正积极推进经济高质量发展,并推动资源型地区实现高质量发展,这些战略的叠加促使笔者深入思考如下问题:尽管西南地区的资源型产业发展已取得一定成效,但其面临的低端锁定问题依然较为突出。那么,如何运用新的视角测度资源型产业的低端锁定程度?影响西南地区资源型产业突破低端锁定的因素及其作用机制是什么?针对西南地区资源型产业突破低端锁定应采取何种策略?这些问题亟须在理论与实证层面给予回答。

1.1.2 研究意义

1. 理论意义

本书的理论意义主要体现在两个方面：一是区别于已有研究，本书基于系统论的视角，从产业创新要素、创新环境的系统视角建立产业低端锁定生成的理论模型，为研究产业低端锁定问题提供了新的视角；二是本书基于中国地区投入产出表的数据资源，构建了测度低端锁定的新指标(最终需求距离指数)，对已有的低端锁定测度模型进行了有益补充，为低端锁定评价提供了新的思路。

2. 实践意义

本书的实践意义主要体现在两个方面：一是产业低端锁定的理论构建、资源型产业低端锁定的评价及其影响因素的研究成果，对于发现西南地区资源型产业突破低端锁定困境的短板并指明升级方向具有重要的应用参考价值；二是本书提出的"创新要素整合—创新环境重塑"战略，以及针对资源型产业低端锁定困境的差异化解决策略和推进资源型产业融入技术创新"双循环"的突破方案，尤其是提出了将资源型产业突破低端锁定困境与森林碳汇相结合、规划了建设珠江—西江科创走廊和建设对接无形智力资源示范区、促进了高端价值模块"移植"等新策略，对于西南地区制定摆脱资源型产业低端锁定困境、推动资源型产业高质量发展的政策体系具有重要的决策参考价值。

1.2 研究目标、研究内容与研究方法

1.2.1 研究目标

本书的研究目标如下：一是梳理研究文献，揭示其存在的不足之处，并基于创新要素与创新环境的新视角，构建产业低端锁定现象形成的理论模型及测度指标体系，为本书奠定了理论基础；二是详细描述西南地

区资源型产业陷入低端锁定的现状、程度及发展趋势;三是通过构建的理论框架,从创新要素、创新环境等多个维度,揭示影响西南地区资源型产业低端锁定的因素;四是提出西南地区资源型产业突破低端锁定困境的战略与具体策略,以期为相关政府部门制定资源型产业转型升级政策时提供决策参考,最终达到研究的实用性目的。这是本书的核心所在。

1.2.2 研究内容

根据本研究设定的目标,本书的主要研究内容如下。

1. 产业低端锁定形成的理论框架研究

在对相关核心概念进行界定后,本书从国内分工地位、技术创新水平、生产率及绿色化发展水平等综合维度出发,对产业低端锁定的成因进行了深入探讨,并构建了最终需求距离指数来具体测度产业分工地位。本研究将创新能力纳入产业低端锁定的分析框架,提炼出创新能力的强弱是决定产业能否突破低端锁定的重要因素。基于创新要素与创新环境这两个维度,本研究构建了产业低端锁定形成的理论框架,认为创新要素规模越大和质量越高,创新环境越完善,越有利于提升产业的创新能力,从而有利于产业迈向中高端发展;反之,则可能导致产业陷入低端锁定的困境。

2. 西南地区资源型产业低端锁定程度评价研究

本书从国内产业分工地位、产业技术创新水平、产业劳动生产率及产业绿色化发展水平等维度,构建了衡量资源型产业低端锁定的指标体系。在此基础上,本书运用最终需求距离指数和区域对比分析方法研究西南地区资源型产业低端锁定程度,以发现西南地区资源型产业面临的低端锁定问题。

3. 影响西南地区资源型产业突破低端锁定的因素研究

依据构建的理论框架,本书从创新要素与创新环境双重视角,探索影响西南地区资源型产业突破低端锁定的因素。从科技要素投入等视角定量研究西南地区资源型产业在突破低端锁定过程中面临的创新要素方面的限制。同时,本书还从创新制度、市场化水平、金融环境等维度,分析了西南地区资源型产业在突破低端锁定过程中所面临的创新环境制约因素。

4. 西南地区资源型产业案例研究

本书选取广西、云南及贵州等省(区)的资源型产业典型案例,深度剖析其所面临的低端锁定困境,并系统地总结提炼这些典型案例在突破低端锁定方面的经验,以期为西南地区资源型产业制定突破低端锁定的战略与策略提供借鉴。

5. 西南地区资源型产业突破低端锁定困境的战略与具体策略研究

依据构建的基本理论框架,本书分析了西南地区资源型产业的低端锁定程度,并探讨了突破该状态的影响因素及典型案例。在此基础上,根据国家推动资源型地区高质量发展的政策实践,本研究从创新要素与创新环境双重视角,具体探讨西南地区资源型产业突破低端锁定困境的战略与策略。

1.2.3 研究的主要方法

1. 文献归纳演绎法

本书通过收集和阅读国内外相关文献资料,对相关研究成果进行梳理:①把握产业创新系统、产业低端锁定等领域的研究脉络及发展趋势,归纳西南地区资源型产业低端锁定的研究现状;②通过归纳与演绎相结合,研究产业低端锁定形成的理论框架,并构建测度产业低端锁定程度的指标体系。

2. 最终需求距离指数法

依据中国地区投入产出表的指标数据,本书计算了西南地区资源型产业的最终需求距离指数,以此来评价西南地区资源型产业在国内价值链中的分工地位,进一步探讨其面临的低端锁定程度。

3. 双重差分法

双重差分法是评估政策效果的常用计量方法。本书运用此方法定量研究创新制度设置(主要包括国家级高新技术产业开发区的设立、知识产权示范城市建设等)对低端锁定的影响。

4. 区域对比分析法

为了更直观地评价西南地区资源型产业的低端锁定程度,本书将西部陆海新通道沿线地区作为参照,对西南地区资源型产业的低端锁定困境进行深入剖析。

5. 产业案例研究法

本书选取西南地区不同城市中典型的资源型产业作为研究案例,对该地区资源型产业面临的低端锁定问题进行更加具体的分析,提高研究的针对性。

1.3 章节安排与技术路线

1.3.1 章节安排

根据本书内容,遵循区域经济学与创新地理学的研究范式,共分为8章,具体如下。

第1章为绪论。本章为研究的起点,主要分析研究背景与研究意义,确定本书的研究目标、研究内容与研究方法。阐述本书的章节结构和研究的具体技术路线。

第2章为文献综述及理论框架。本章主要对低端锁定形成动因、测度方法、突破策略及资源型产业发展的国内外文献进行梳理和分析。通过结合文献中的理论与实证研究成果,本章归纳已有研究在研究对象、研究方法及研究内容等方面存在的不足,提炼出本研究的核心目标与主要内容。此外,本章还构建了理论框架,为全书提供理论支撑。本书的理论框架是基于创新要素与创新环境双重视角构建的。在界定资源型产业的内涵、解析低端锁定概念的基础上,本章探讨了创新要素及创新环境如何与低端锁定的形成相互作用,从而构建了一个总体理论框架。

第3章为西南地区经济及资源型产业发展的基本现状。本章首先分析了西南地区经济发展总体水平及不同省(区)的经济发展水平,接着从经济效益、产业规模及从业人数等维度分析西南地区资源型产业发展的基本现状。

第4章为西南地区资源型产业低端锁定的评价。本章主要内容包括评价指标的选择、评价方法的确定及评价结果的深度阐释。

第5章为西南地区资源型产业低端锁定困境的影响因素分析。本章旨在对相关理论框架给予经验回应,主要包括科技要素投入、创新制度、市场化水平及金融环境对西南地区资源型产业突破低端锁定的影响。

第6章为西南地区资源型产业案例研究。本章选取了广西的铝工业及螺蛳粉产业、云南的有色金属产业,以及贵州的煤炭产业等具体资源型产业类型,深入分析其突破低端锁定所面临的突出问题及取得的可供借鉴的经验。

第7章为西南地区资源型产业突破低端锁定困境的对策建议。本章深入分析西南地区资源型产业突破低端锁定困境的对策建议,并据此提出具体策略,为西南地区资源型产业高质量发展提供科学指导。

第8章为研究结论、研究不足及未来展望。本章主要总结提炼了本书的研究结论,并通过分析研究不足,阐述未来需要进行深入研究的具体方向。

1.3.2 技术路线

综合运用区域经济学、创新地理学等多学科理论与方法,本书按以下主线进行深入研究:产业低端锁定的生成机理—产业低端锁定程度的测度指标体系—西南地区资源型产业低端锁定程度的评价—影响西南地区资源型产业低端锁定的因素—西南地区资源型产业突破低端锁定的战略与策略设计。具体研究思路与技术路线,如图1-1所示。

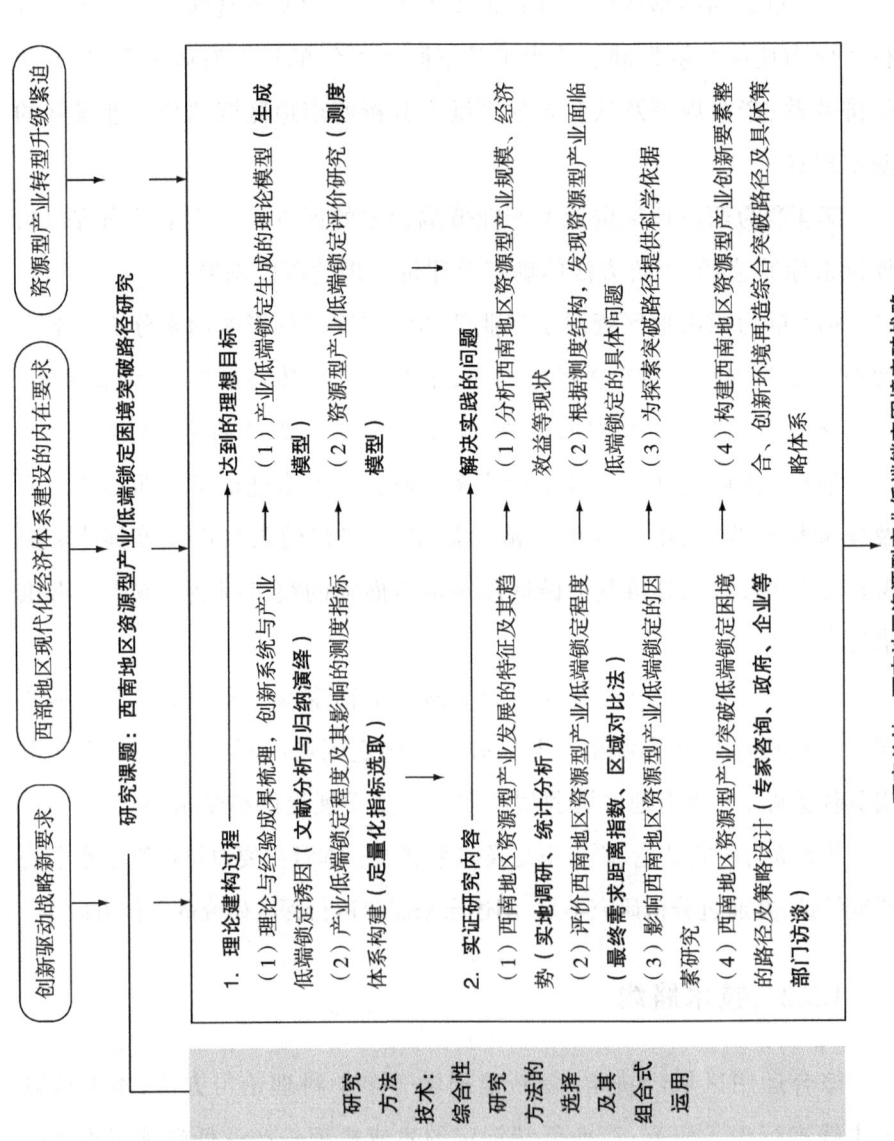

图1-1 本书研究思路及技术路线

第 2 章 文献综述及理论框架

2.1 文献综述

2.1.1 关于资源型产业的研究

通过在中国知网以"资源型产业"为关键词搜索相关文献,并利用 CiteSpace 软件进行统计分析,可以得到如图 2-1 所示的资源型产业关键词共现图谱。由图 2-1 可以看到,在资源型产业的研究中,产业结构、产业转型及环境规制等方面的研究较为集中。

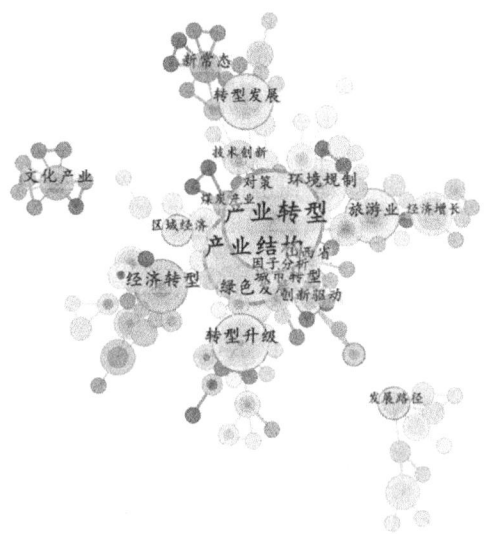

图 2-1 资源型产业关键词共现图谱

1. 关于资源型产业发展现状的研究

资源型产业也被称作资源依赖型产业，是指在生产过程中主要依赖自然资源作为原材料的产业。这类产业与矿产、能源、林业、渔业等资源密切相关，其特点是对自然资源的消耗量大，对环境造成显著影响。在西南地区，资源型产业以矿产资源、能源资源及农业资源为主。这些产业的发展不仅对当地经济的繁荣有重要影响，同时也是西南地区社会稳定和民族团结的重要保障。

资源型产业作为工业发展的基础，是一个地区经济整体发展和可持续发展的关键[4]。在促进经济增长的同时，资源型产业通过产业集聚的多样化，极大地提高了城市的全要素生产率，推动该地区进入更高质量的发展阶段[5]。然而，资源型产业的快速发展也带来了一系列问题，包括生态环境的破坏和资源的过度消耗，这些问题的出现，使资源型产业与生态环境的和谐发展成为当前亟须关注的核心议题。对此，部分学者开始从环境规制的角度对资源型产业进行深入研究。他们认为，适度加强环境规制不仅有助于保护生态环境，还能促进资源型企业提升其绿色全要素生产率[6]。此外，推动产业低碳化发展也是实现资源型产业可持续发展的重要途径[7]。

2. 针对资源型产业"资源诅咒"现象的研究

"资源诅咒"现象是指在一些自然资源丰富的地区或国家，其经济增长和社会发展反而不如资源贫乏的地区[8]。由于西南地区在发展过程中易受历史、地理、社会等多方面因素的影响，其资源型产业的发展面临诸多挑战，那么研究"资源诅咒"现象是否会对该地区造成影响也十分重要。目前，众多学者已对"资源诅咒"现象开展了一系列研究，并提出了各自的见解。康爱香等通过对中国14个资源型省份的研究发现，不可再生资源的开发在短期内可能促进经济增长，但从长远来看，却可能对区域经济发展产生不利影响[9]。然而，方颖等的研究则提出了不同的观点。他们通过分析得出,资源丰富程度与地区经济发展之间并不存在明显的负相关关系,从而对"资源诅咒"现象的存在质疑[10]。这也表明"资源诅咒"现象并非普遍适用,其影响可能受到地区特定条件和政策选择等因素的影响。

随着对"资源诅咒"现象研究的不断深入,学者们不仅拓宽了这一概念的内涵,还提出了更为全面的广义"资源诅咒"理论[11]。广义"资源诅咒"理论更加关注自然资源丰富的国家或地区,这些地区因过度依赖自然资源而引发一系列挑战,包括环境污染、生态破坏、财富分配不均及政府腐败等问题。针对广义"资源诅咒",张斯琴等利用中国省级面板数据,采用广义矩估计与混合回归分析法,深入探究了资源依赖型行业与绿色发展效率之间的联系[12],并通过实证研究发现,"资源诅咒"的影响不仅限于经济层面,还会对绿色发展效率产生影响,这一发现进一步丰富了我们对"资源诅咒"效应的认识。此外,张丽等聚焦于煤炭型资源产业依赖与全要素生产率之间的关系,并通过实证分析,揭示了二者之间存在倒"U"形关系[13],这表明"资源诅咒"现象在特定条件下可能呈现出更为复杂的特征。

2.1.2 关于低端锁定现象的研究

通过在中国知网中搜索关键词"低端锁定"并找到相关文献,利用CiteSpace软件对这些文献进行统计分析,可以得到如图2-2所示的低端锁定关键词共现图谱。由图2-2可以看到,关于低端锁定的研究主要集中在价值链、突破路径、结构升级等方面。因此,本书对低端锁定相关文献的梳理也围绕以下主题展开。

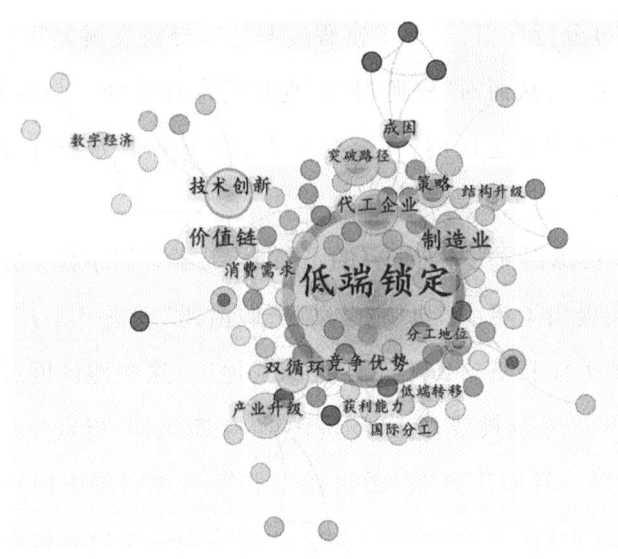

图 2-2 "低端锁定"关键词共现图谱

1. 低端锁定形成的动因

随着发展中国家或地区不断融入全球生产网络,低端锁定问题逐渐引起关注[14]。对这一现象的阐释主要分为"内生派"与"外生派"两个派别。

"内生派"认为,低端锁定源于本土企业自身技术创新能力薄弱[15-16]及内需不足、制度障碍等内生性环境的限制[17]。"内生派"强调,本土企业的自我技术创新能力、内需规模及制度环境等因素是影响产业低端锁定的内生性因素[18-19],若这些内生性因素得到优化,则有利于提升产业价值链的地位。技术落后和创新能力不足是十分重要的内生性因素,它们是导致产业陷入低端锁定状态的关键原因[20]。李美娟等在其研究中指出,中国企业陷入"低端锁定"困境的原因在于缺乏自主创新意识与能力,同时缺少企业家的前瞻性思考[21]。胡国恒等通过对代工企业的案例研究,进一步证实了这一点。他们发现,代工企业之所以形成低端锁定,是因为它们过于依赖现有的低成本盈利模式,缺乏长远视角,未能实现技术创新和产业升级。这些研究结果强调了自主创新在破解低端锁定、推动产业升级中的重要作用[22]。

政策与制度环境作为内生性因素的重要性不容小觑,并且也是众多学者在研究产业低端锁定问题时不可忽视的方面。杜宇玮等的研究就指出,企业信贷途径的不足及个人和企业信用体系的不完善,即当前社会信用制度建设的不全面性,是导致低端锁定现象产生的原因之一[23]。进一步而言,熊珍琴等揭示了政府考核模式对企业发展模式的影响,政府对政绩的考核指标和方式可能促使企业依赖于传统的发展模式,这种依赖性最终可能导致企业陷入低端锁定的困境[24]。

"外生派"则认为,跨国公司利用核心能力优势,对本土企业的知识创造能力施加控制,从而导致这些企业陷入低端锁定的困境[25]。该学派强调控制跨国公司利用其核心能力的优势,抑制了本土企业知识创造能力的提升,导致企业长期处于价值链的低端地位[26-27]。此外,跨国公司对需求波动的管理不善,也是本土制造企业陷入低端锁定的重要因素[28]。同时,一些发达国家采取的策略性压制措施也是导致我国企业陷入低端锁定状态的重要因素[29]。在全球价值链的嵌入过程中,发达国家倾向于将非核心生产环节转移给发展中国家,并利用自身在技术、市场和资金上的优势,对发展中国家的劳动力和自然资源等生产要素进行剥削。同时,他们在技术、品牌、营销、研发等高端领域设置了进入障碍[30],限制了发展中国家企业的发展空间,也加剧了全球经济结构的不平等。

全球价值链的嵌入方式是许多学者研究的焦点。企业在全球价值链中的定位和嵌入方式,在很大程度上决定了它们是否能够突破低端锁定的困境。如果企业仅作为廉价劳动力参与全球生产网络[31],并且缺少与产业链上下游企业的深度合作及技术交流,那么它们将难以积累实现企业升级所必需的能力和知识[32]。也有学者认为,产品内分工的出现及生产模块的过度分割束缚了生产商的技术创新,这是导致产业价值链低端锁定的重要外部环境动因[33-34]。民营企业所面临的低端锁定困境,实际上是当前中国制造业的普遍现象,根据低端锁定的本质和成因,论证了智能制造不仅在打破低端锁定路径依赖的本质方面发挥作用,同时也是低端锁定的要素成因和产业成因[35]。发展中国家企业在融入全球价值链并获得价值链利润的过程中,由于缺乏核心技术、跨国公司有意进行技术封锁等因素,容易与发达国家的跨国公司形成"俘获型"全球价值链治理模式,并陷入低端锁定现象之中[36]。

2. 测度低端锁定的方法

低端锁定现象不仅限制了企业或地区产业的发展,对区域经济的可持续发展也产生了影响。因此,准确识别和判定低端锁定状态对于制定有效的产业升级政策和策略至关重要。识别低端锁定通常可以从多个维度进行综合考量。

首先,可以将产业的分工地位作为出发点,在全球价值网络体系中,本土产业长期处于价值创造的低端地位是低端锁定的根本表现[37],因此如何测度产业的分工地位是研判低端锁定程度的关键,主要包括进出口商品单位价值比率[38]、垂直化比率[39-40]及出口复杂度[41-43]。

其次,从价值链定位的角度来看[44],通过对比发展中国家与发达国家在价值链中所获得的利润,可以判断是否存在低端锁定现象。近年来,由安特拉斯(Antràs)提出的行业上游度方法逐渐成为评价产业地位状态的新工具[46]。该方法不仅能测度国家层面的产业价值链位置[47-50],还能测度地区层面的产业分工地位[51-52],进而诊断区域产业低端锁定状态。以简单产品和复杂产品为研究的切入点,通过垂直链条与水平链条两个维度,也可以测度低附加值与低端技术的锁定风险[53-54]。

最后,从提高生产效率的角度出发,可以采用数据包络分析方法(data envelopment analysis, DEA)模型,来测算产业在生产过程中的两端效率水平,从而分析产业是否存在低端锁定问题[55-56]。此外,通过投入产出效率评价方法或仅对生产投入要素进行研究,包括核心技术、行业结构、市场水平等多个方面的指标,可以用来判定产业是否处于低端锁定状态[57-58]。

综合上述文献分析发现,识别和判定低端锁定状态须采用多维度方法,包括附加值、技术能力、生产效率、贸易模式和供应链地位等关键指标。通过运用这些综合指标,可以更全面、准确地评估产业现状。这种科学的识别与判定过程不仅有助于揭示企业在价值链中的位置,还可以揭示其潜在的发展动力及制约因素。这将有助于打破低端锁定的局限,激发产业创新活力,为经济的长期稳定发展奠定坚实基础。

3. 突破低端锁定困境的途径

第一,当前研究基本围绕本土企业如何提升创新力,以突破低端锁定的困境。研究主要分为"要素突破路径"与"制度环境突破路径"两种路径。其中,"要素突破路径"强调知识、信息等创新要素在避免低端锁定方面的功效[59-60],认为高级创新要素如知识的注入是企业占据价值链高端位置的重要途径[61]。同时,资本要素在帮助企业突破低端锁定困境中也具有重要作用[26]。"制度环境突破路径"呼吁加快制度学习,认为这是解决中国产业技术低端锁定问题的根本途径[15];并认为制度红利能显著提升产业分工地位,是后发地区突破低端锁定的必要途径[62-63]。

第二,研究围绕企业个体层面展开,首先,企业必须推动组织能力的升级,充分利用在全球价值链中的嵌入优势,积极吸收行业领先者的前沿知识、技术和先进的管理、运营经验,以实现自身能力的迅速提升[64]。这不仅包括涉及技术层面的学习和模仿,更包括对先进管理理念的理解和应用。其次,技术创新是打破低端锁定的关键,它不仅能够提升产品附加值,也是推动产业升级和经济结构优化的关键动力。因此,企业须增加研发投入,提高自主创新能力,积累具有自主知识产权的关键技术,从而在激烈的市场竞争中占据有利地位[65]。此外,企业应减少对外部的依赖,培养独立的研发和生产能力。通过自我研发和并购等方式,企业可降低对海外市场的依赖性,加速构建国内市场的价值链体系,这对产业在价值链上的高端发展起着至关重要的作用[66]。最后,随着对突破低端锁定的研究不断深入,学者们发现,企业自身的数字化转型、数字经济的发展及人才引进等新兴因素,都对打破低端锁定具有积极作用[67-68]。

第三,利用全球价值链分析(global value chain analysis,GVC)参与国际分工并推动产业的升级,是发展中国家发展本土产业的重要途径。本土企业可以采取更加多样化、迂回式的策略实现GVC的提升,以规避与链主企业的正面竞争,从而避免遭受其打压[69]。制造业的模块化再集成也是重要手段[34][70]。通过主导国内价值链循环和区域价值链循环,完成要素转变、产业结构升级和区域协同,最终实现高质量消费和生产,也能突破低端锁定[71]。也有学者强调,积极参与国内与国际的"双循环"来推动产业突破低端锁定困境[72-73]。改善融资环境有助于提升生产率,从而推动制造业在全球价值链中的地位提升[74-75]。

综上所述,突破低端锁定是一项系统工程,要求企业在组织能力、技术创新、减少外部依赖及数字化转型等多方面进行努力。通过实施这些综合性措施,企业可以逐步摆脱低端锁定的束缚,实现产业的持续升级和经济结构的优化,最终在全球价值链中占据更为有利的地位。

2.1.3 关于西南地区资源型产业的研究

西南地区因其独特的地理环境、文化背景和丰富的自然资源,形成了具有鲜明特色和富有挑战性的产业结构。以该地区为例,学者们通过深入研究发现,自然资源、人文资源及旅游业在产业结构中占有举足轻重的地位。基于此,西南地区应当充分利用其自然资源和人文资源的优势,挖掘国际旅游合作的潜力,从而推动地区经济的可持续发展[76-77]。

西南地区虽然自然资源丰富,但其经济发展相对落后,主要问题在于产业结构的不合理,以及产业链之间的关联度较低,从而导致与第三产业的有效对接和渗透难以实现[78]。因此,为了缩小与经济发达地区之间的收入差距,西南地区迫切需要通过产业结构的升级来实现经济发展的跨越式发展[79]。多数学者认为,实现西南地区产业结构升级的途径主要包括大力发展生产性服务业及促进三次产业的融合发展[80-81]。侯光明等的研究则进一步指出,技术创新对于资源型产业结构的优化调整具有重要影响,它通过产业竞争、优胜劣汰的选择效应及创新扩散的推动效应,促进资源型产业的优化升级[82]。随着社会经济的不断发展,学者们还发现其他因素也会对西南地区的产业结构升级起到促进作用。例如,金海峰等的研究发现,数字普惠金融的发展有助于提高金融服务的覆盖面和便利性,从而为产业结构升级提供资金支持[83]。同时,吴梦羽等的研究也表明,合理的财政支出政策可以有效地推动产业结构的优化和升级[84]。

随着西南地区的不断发展,产业结构调整已经逐渐实现,即从传统的"二三一"模式(第二产业、第三产业、第一产业)向"三二一"模式转变。在这一转型过程中,第三产业的比重持续增长,而第二产业的比重则相应降低[85]。产业结构调整还体现了西南地区在第一产业和第二产业的发展与第三产业的崛起之间所达成的动态平衡与相互促进。薛继亮等的研究进一步指出,西南地区产业结构调整的阶段性特征,正是由产业之间的相互影响和替代关系所决定[86]。

资源型产业在推动地方经济发展中发挥着重要的作用,然而当前该产业正在面临着资源枯竭、环境污染及工业结构单一性等挑战[87]。此外,西南地区的文化产业在发展过程中也遭遇了一系列问题,如开发模式单一、专业人才短缺及开发企业资金有限等,这些问题严重制约了产业的可持续发展[88]。丁从明等通过实证研究发现,过度依赖资源会导致技术创新受阻,从而抑制居民收入的增长,这对地区的长期发展极为不利[89]。由于这些问题在西南地区发展资源型产业过程中普遍存在,因此需要及时探索促进资源型产业转型升级的途径,以实现资源型产业与地区可持续发展之间的均衡。

西南地区资源型产业的转型对推动区域经济的可持续发展至关重要。严红、张伟豪认为,实现内生增长是西南地区资源型产业转型升级的重要途径[90-91]。张林、朱华友提出,通过区域产业合作、延长价值链、提升知识整合能力等措施,可以有效推动民族地区资源型产业向价值链高端发展[92-93]。郭利芳、张苏强认为,绿色转型是西南地区资源型产业提升附加值的重要途径[94-95]。也有学者认为,应从包容性增长模式、资源型产业与非资源型产业的融合转型、区域产业转移及绿色低碳可持续发展模式等维度制定资源型产业转型的战略[96-97]。

具体而言,沈山等以西南地区的阿坝州为例,展示了通过发展可再生性资源产业,即生态旅游和绿色能源,不仅可以促进经济结构的优化,还有助于保护自然与文化遗产[98]。侯博文等以凉山彝族自治州为例,强调了资源型产业转型的必要性,并建议由粗放式、毁灭性的开采方式转变为提高资源综合利用率,强化产业集群发展,最终延长产业链[99]。

综上所述,西南地区资源型产业的转型需要综合考虑多元化发展、产业融合、区域转移和绿色发展等多个方面。通过实施这些战略措施,促进资源型产业的可持续发展,实现经济增长与环境保护的双重目标,为西南地区长期繁荣奠定坚实基础。

2.1.4 相关研究简评

现有研究为本书提供了有益的借鉴。然而,这些研究仍存在三个方面的不足:一是从创新要素及创新环境的视角出发,对反低端锁定战略体系的研究仍需深入探讨;二是基于产业之间的投入产出关系来测度资源型产业低端锁定程度的研究仍须深入探讨;三是从知识创新的视角出发,研究西南地区资源型产业突破低端锁定路径。

2.2 理论框架

2.2.1 西南地区范围界定

在研究西南地区产业发展问题的学术文献中,普遍将广西、云南及贵州三省(区)作为研究区域[100-101]。基于此,参照易鑫等学者的研究成果[102],本书将西南地区界定为广西、云南及贵州三省(区),并在此基础上开展具体研究。

2.2.2 资源型产业内涵

20世纪80年代,资源型产业的概念就已被提出。尽管学术界对资源型产业的定义尚未达成一致,但普遍认为资源型产业是基于区域内的矿产资源、动植物资源等自然资源优势,通过开采与利用这些资源,进而形成以资源加工为主的产业类型[103-104]。主要包括采掘业、矿产资源加工业及森林资源业等具体产业门类。一方面,资源型产业与其他产业之间存在较为紧密的前向与后向关联,能够为国民经济的持续健康发展提供充分的资源与能源保障,从而在整个经济系统中发挥基础性与战略性作用[105],对国家能源安全与经济安全具有重要影响。另一方面,资源型产业又具有资源与能源消耗大的特征,容易对大气、水体、土壤等生态系统造成破坏[106-107]。

为了便于开展研究,本书在探讨资源型产业的基本概念时,参考了王锋正等对资源型产业范围的界定标准[108],并结合我国《国民经济行业分类》与中国地区投入产出表中的行业分类标准,分别将以下产业进行合并:将黑色金属矿采选业与有色金属矿采选业合并为金属矿开采与洗选业,将黑色金属冶炼及压延加工业与有色金属冶炼及压延加工业合并为金属冶炼与压延加工业。考虑到西南地区的经济、地理区位等因素,本书将食品制造业纳入资源型产业的范畴。因此,本书所指的资源型产业共计8个类别,具体如表2-1所示。

表2-1 资源型产业分类

行业名称	符号
煤炭开采与洗选业	R1

续表

行业名称	符号
金属矿采选业	R2
非金属矿及其他矿采选业	R3
食品制造业	R4
化学工业	R5
非金属矿物制品业	R6
金属冶炼及压延加工业	R7
金属制品业	R8

注：为了便于分析，将煤炭开采和洗选业、金属矿采选业、非金属矿及其他矿采选业、食品制造业、化学工业、非金属矿物制品业、金属冶炼及压延加工业及金属制品业分别用R1、R2、R3、R4、R5、R6、R7及R8来表示。全书同上。

2.2.3 低端锁定的内涵及测度指标

1. 低端锁定的内涵

产业低端锁定是指地方产业在参与全国乃至全球分工体系中，被限制在资源粗放式开采、简单加工、组装等技术水平较低、附加值较小的价值链低端环节。低端锁定对经济增长的危害极大：导致企业的报酬不断降低，陷入"悲惨增长"境地[109-110]。阻碍本土产业在设计、品牌建设和市场营销方面的功能升级，抑制了现代产业体系的发展，并容易导致新的"依附经济"趋势的形成[111-112]，削弱甚至消除了本土产业内生性知识积累的路径[113-114]。依据低端锁定的内涵，本书将从产业最终需求水平、产业技术创新能力及生态环境等维度测度低端锁定的程度，为后续评价区域资源型产业的低端锁定程度奠定了理论基础。

2. 低端锁定测度指标

产业的互联互通、专业化生产，引发生产要素的自由流动，生产环节因此被拆分成多个环节，导致价值链趋于碎片化。完整的价值链是指从生产到最终消费的过程，即从前端到终端，或上游发展到下游的过程。

在价值链中各行业的位置可以用产业分工地位来衡量。越靠近前端(生产端),即越处于价值链的上游环节,其行业分工地位越低,主要是生产要素或者初级中间产品的投入面临的产业低端锁定程度就越大。相反,越靠近终端(消费端),即处于价值链的下游,其行业附加值就越高,分工地位越高[115],面临的低端锁定程度就越小。通过计算某地区资源型产业生产的产品在全国总需求中所占比例,可以评估该产业的分工地位。该比值越大,则表明该行业越靠近消费端,其产业分工地位越高,面临的低端锁定程度越小。

技术创新水平能够反映资源型产业在整个价值链、创新链中的位置。技术创新水平越高,表明越重视研发环节,就越有利于掌握核心技术。对于资源型产业来说,技术创新水平会显著影响资源型产业产品创新水平,并进一步影响资源型产业所处的价值链地位。技术创新水平的提升,有助于新产品的开发,从而避免陷入仅依赖对原材料简单组装、加工的初级生产阶段。基于此,技术创新水平是反映资源型产业低端锁定程度的重要维度。专利申请数量和新产品产值是反映资源型产业技术创新水平的常用指标[116-118]。

由于缺乏核心技术,中国大多数产业对劳动力的依赖程度相对较高,粗放式发展模式依然存在,尤其是在采取代工等发展模式以实现经济增长的同时,也面临劳动生产率低下的现实问题,这成为产业低端锁定的重要表现维度[68,119]。此外,处于全球价值链中的主导国家或跨国企业,凭借对核心技术的控制,存在将污染产业转移到中国进行生产的实践,这不仅影响了中国的生态环境安全,还导致区域生态环境恶化,降低地区福利水平,从而不利于区域经济实现高质量发展。

综上所述,本书运用国内产业分工地位(最终需求占比)、产业技术创新水平、产业劳动生产率及产业的环境污染水平等指标测度西南地区资源型产业的低端锁定水平,具体测度指标如表2-2所示。

表 2-2 低端锁定的测度指标

测度指标	计算方法
国内产业分工地位	最终需求占比
产业技术创新水平	专利申请数量、新产品产值等
产业劳动生产率	产业总产值除以从业人数
产业的环境污染水平	具体行业的废气排放量

2.2.3 影响资源型产业低端锁定程度的理论模型

本书基于系统论构建了影响资源型产业低端锁定的理论模型。通常而言,系统论将系统定义为:由若干要素以一定结构形式联结成的具有某种功能的有机整体。在系统中,要素是构成系统的基本成分,其本质、数量、动态变化与排列次序都会影响系统的本质。每一个具体的系统都是有限的,而系统的边界外部则存在着其他事物,这些事物可以称为该系统的外部环境。

系统功能指各要素在一定的环境中相互作用产生的效能总和[120]。系统的功能以要素的活动为基础,但是功能并非简单地由要素的活动决定,而是取决于各要素及其活动之间的相互关系,也就是说系统功能与要素活动存在着相互依赖的关系。因为系统是开放性的,必定会有物质能量、信息的输入和输出,那么系统的动态过程就必然与环境相联系,可以说,系统的功能就是在环境作用下的反应。

笔者认为,资源型产业的创新能力低下是导致区域资源型产业被锁定在低技术、低附加值状态的主要驱动因素,而创新能力强则是区域产业突破低端锁定的核心动力。资源型产业的创新受到产业创新要素和创新环境的影响,产业创新要素、创新环境等是揭示产业演化方向内在规律的重要维度。

产业创新要素包括知识、技术、信息、人力资本、企业家精神、研发经费投入等。这些高质量的创新要素有助于提升产业创新能力。特别是以知识与技术为代表的知识密集型服务要素的投入,对于提高资源型产业在国内价值链中的地位,助力其突破低端锁定困境,具有显著作用。其主要机制体现在两个方面:一是区域资源型产业在生产过程中,服务要素投入水平越高,产业的服务化程度就越高,则附加值较低的环节所占比重下降,而产品研发、品牌塑造等高附加值环节所占比重则逐步提高,因此有助于区域资源型产业突破低端锁定;二是资源型产业加大服务要素投入,有助于快速获取市场需求信息,进而据此向市场提供优质产品及售后等相关服务,从而提高消费者总体效用,促进重复购买行为。

创新环境主要包括创新制度设置(如国家级高新技术产业开发区、知识产权保护制度等)、金融环境、市场化水平、区域协同创新水平等。知识产权制度和创新地理空间等创新制度的设置,有助于推动资源型产业研发活动的开展,能够间接通过提升资源型产业价值链分工地位,实现对低端锁定的突破。一方面,创新制度设置有助于优化区域知识产权环境,推动资源型产业领域中的企业在长期互动中建立社会关系网络,促进隐性知识与显性知识的流动,成倍提升相关企业的知识和信息存量,进而集聚人才、研发资金等创新要素,为资源型产业开展研发创新活动提供保障。另一方面,由于研发创新活动存在投入成本高、周期长、风险大等特点,优良的创新制度设置能够有效降低资源型产业研发活动的成本与风险,提高研发活动的预期收益,持续激励资源型产业从事研发创新活动,为价值链地位的提升提供动力支撑。

区域市场化水平主要包括政府与市场的关系、非国有经济发展水平、产品市场的发育程度、要素市场的发育程度、市场中介组织的发育程度及法治环境等。市场化通过技术溢出效应、创新要素再整合效应、研发导向效应,推动资源型产业创新能力的提升,为其突破低端锁定提供强大动力支撑。市场化水平的提升极大减少了区域外部产品进入本地市场的障碍,为本地资源型产业进行技术和产品创新提供了学习机会。高水平的市场化推动人才、研发资金等创新要素向最有效率的企业流动,实现创新要素在不同所有制、不同行业之间的优化配置。此外,高水平的市场化还具有完善的产品价格传导机制,使资源型产业能够充分通过此机制精准获取最终产品需求信息,从而显著增强新产品研发的意愿,并引导企业将创新要素应用到满足消费者最终需求的产品研发领域,进而扩大最终需求规模。

资源型产业的研发创新需要大量资金注入,而企业自有资金往往无法满足这一需求,因此需要借助外部融资渠道获取研发资金,而获取外部融资的数量与质量与资源型产业所处的区域金融环境有关。区域金融发展水平越高,越有利于缓解资源型产业的融资难题,拓宽研发投入资金的来源渠道,推动资源型产业技术创新提升。高水平的金融服务有助于为资源型产业提供先进的金融科技与金融管理经验等高端服务要素,为企业提供多元化的金融产品。同时,高水平的金融服务也有利于降低企业在创新过程中可能面临的风险,进而激励企业技术创新,提升资源型产业产品质量,增强市场开拓能力,吸引更多消费者,从而提高区域资源型产业产品在国内乃至国际市场的最终需求规模(图2-3)。

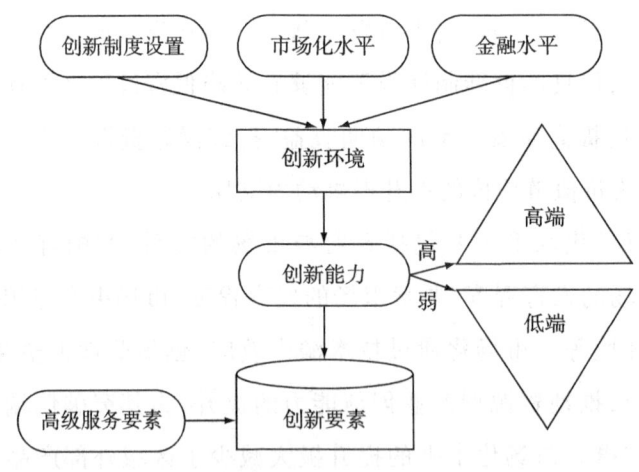

图2-3 产业低端锁定生成机制的基本理论框架

第3章 西南地区经济及资源型产业发展的基本现状

本章首先对西南地区整体经济发展水平及其各省(区)的经济发展状况进行深入分析;继而对西南地区资源型产业发展的现状进行细致探讨,涵盖经济效益、产业规模、就业人数等多个维度,并采用工业销售产值、利润总额、资产规模、从业人数、三次产业增加值与固定资产投资总额等指标进行系统性评估。本研究的数据主要依托于中国统计年鉴、中国工业统计年鉴、中国固定资产投资统计年鉴及云南、贵州、广西的地方统计年鉴,时间跨度为2010—2020年。特别指出,由于中国工业统计年鉴在2018—2019年未发布,以及2020年及以后不再统计工业销售产值指标,导致2017年与2018年的相关数据缺失,工业销售产值数据的统计截至2016年。此外,中国固定资产投资统计年鉴中固定资产投资数据仅更新至2018年,并且2014年的数据缺失,因此本研究中关于固定资产投资额的数据统计截至2018年。

3.1 西南地区经济发展总体现状

3.1.1 总体经济发展水平

本研究采用地区生产总值作为指标,对西南地区的经济发展水平进行了综合分析。如图3-1(a)所示,2010—2020年,西南地区地区生产总值规模呈显著增长趋势。具体分析,从2010年的21 396.19亿元增长至2020年的64 505.15亿元,增长幅度达到201.5%。该数据揭示了西南地区经济总量的持续扩张及整体经济实力的显著提升。在此期间,西南地区积极融入区域合作框架,如参与成渝地区双城经济圈的建设、泛珠三角区域合作等,通过资源的共享与优势互补,实现了经济的协同增长。此类区域合作不仅促进了资本、技术、人才等关键生产要素的流动,还拓展了市场空间,为区域经济增长注入了新的动力。

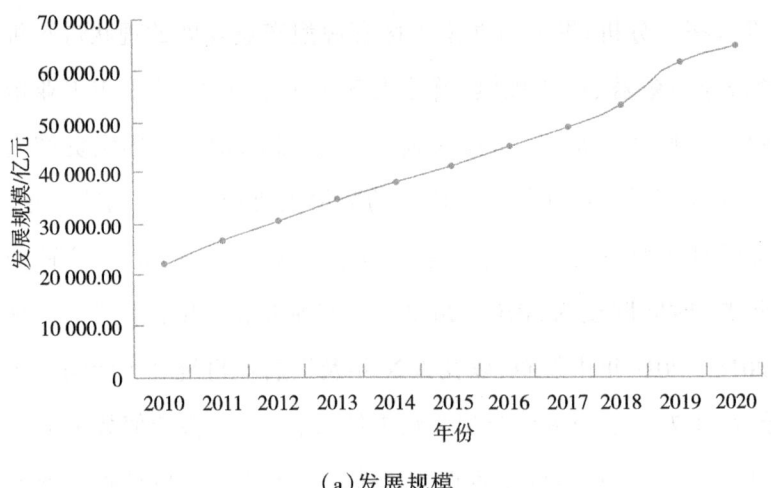

(a)发展规模

(b)增速情况

图3-1 西南地区经济发展规模及其增速情况

如图 3-1(b)所示,2011—2015 年,地区生产总值虽呈上涨趋势,但其增速却整体下降,这可能与全球经济形势变化、国内经济结构调整及地区内部发展不平衡等因素有关。2015—2016 年、2017—2019 年,随着一系列稳定经济增长政策的实施和经济结构的持续优化,该地区生产总值增速有所回升。然而,2020 年,全球疫情暴发对世界经济造成重大冲击,西南地区也不例外,其地区生产总值增速再次出现显著下降,这反映了外部环境变化对区域经济的直接影响。

3.1.2 产业结构

本研究选取三次产业增加值及其占全国比重,作为衡量西南地区产业结构的指标。如图 3-2(a)所示,2010—2020 年,西南地区第一产业、第二产业及第三产业增加值均表现出显著增长趋势。首先,作为西南地区经济支柱之一的第一产业(主要包括农业、林业、牧业和渔业),其增加值从 2010 年的 3 408.47 亿元增至 2020 年的 9 694.61 亿元,增幅约为 1.8 倍。该增长不仅体现了农业生产稳定性的提升,也揭示了西南地区在维护生态环境的同时,通过发展特色农业、生态农业等模式,实现了农业产业的可持续发展。其次,第二产业(主要包括工业和建筑业)增加值从 2010 年的 9 535.23 亿元增至 2020 年的 21 607.65 亿元,增长幅度超过 1 倍,这一增长主要归因于西南地区在资源开发和加工领域的优势。同时,随着国家对基础设施建设持续投入,西南地区的建筑业呈现出蓬勃发展的态势。最后,第三产业(主要包括服务业)增加值从 2010 年的 8 452.49 亿元增至 2020 年的 33 202.91 亿元,增幅接近 3 倍;特别是 2019—2020 年,西南地区第三产业增加值的增幅显著超过第一产业和第二产业。该增长反映了西南地区在服务业领域的快速发展及产业结构的优化升级。以旅游业为例,西南地区凭借其丰富的自然资源和人文景观资源,吸引了大量国内外游客前来观光旅游。例如,云南丽江古城、贵州黄果树瀑布、广西桂林等知名景点,不仅推动了当地旅游业的繁荣发展,也促进了相关产业链的兴起。

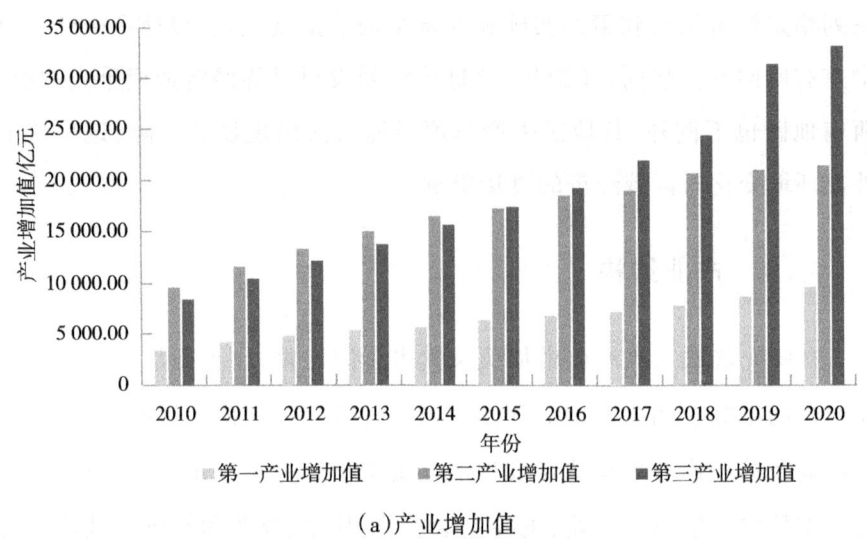

(a)产业增加值

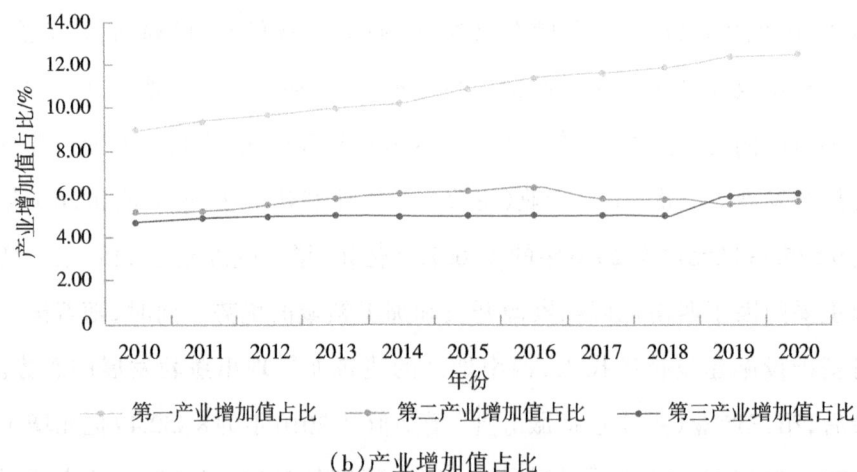

(b)产业增加值占比

图3-2 西南地区三次产业增加值及其占比

如图3-2(b)所示,2010—2020年,西南地区第二产业与第三产业的比重虽有所提升,但整体变动幅度有限。相对而言,第一产业比重呈现出更为显著的增长态势。此趋势可能与该地区农业现代化的推进、特色农产品的开发及农业产业链的拓展紧密相关,体现了西南地区对农业等传统行业的重视。同时,该地区特有的地理环境与自然资源条件,也为第一产业的发展创造了更为有利的条件。

综上所示,西南地区的产业结构在过去十年中经历了显著的增长与结构优化。展望未来,随着国家西部大开发战略的深化执行及"一带一路"倡议的持续推进,预计西南地区的产业结构将实现更进一步的优化与升级,进而推动区域经济的高质量发展。

3.1.3 固定资产投资

固定资产投资以货币为计量单位,在特定时期内完成的固定资产建设与购置活动及其相关费用的总和,是反映固定资产投资规模、结构和发展速度的综合性指标。如图3-3(a)所示,2010—2018年,西南地区固定资产投资额在全国的占比逐年上升。从2010年的12 175.63亿元增长到2018年的54 938.96亿元,增长了351.2%。这一趋势表明,随着国家西部大开发战略的深入实施,以及地方政府对基础设施建设和产业发展的重视,西南地区吸引了越来越多的资金投入,有效地推动了区域资源开发和经济活动的开展。值得注意的是,在固定资产投资结构方面,西南地区也呈现出多元化与高端化趋势。除传统资源型产业外,文化旅游、数字经济、生物医药等新兴产业领域逐渐成为投资新热点。

如图3-3(b)所示,2010—2018年,西南地区固定资产投资额全国占比在5.00%~9.00%波动,总体呈逐年递增趋势。尽管该占比波动幅度相对有限,但其趋势显著地表明了西南地区在国家经济结构中的地位正逐步提升。

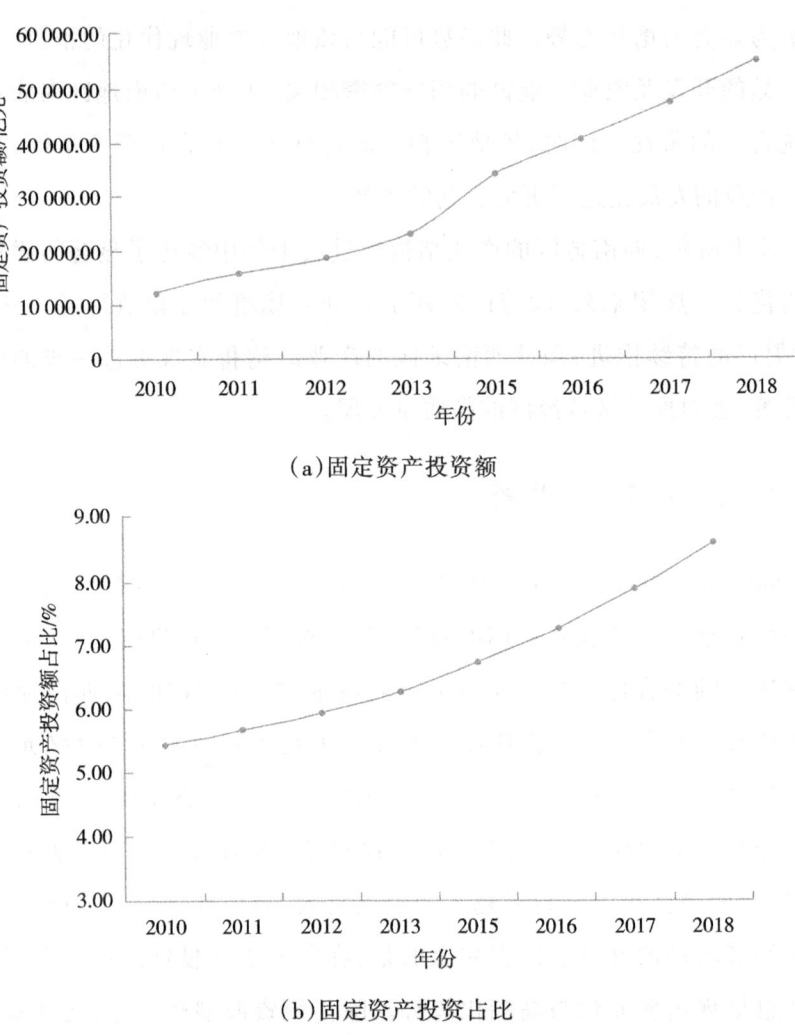

(a)固定资产投资额

(b)固定资产投资占比

图3-3 西南地区固定资产投资额及其占比

综上所述,2010—2018年,西南地区固定资产投资呈显著增长态势,这体现了国家西部大开发战略的持续推进,也彰显了地方政府在基础设施建设及产业发展方面的高度关注。此外,该趋势预示着未来经济发展将更为广阔的发展潜力。

3.2 分省(区)的经济发展总体现状

3.2.1 广西

1. 总体经济水平

如图 3-4(a)所示,2010—2020 年,广西地区生产总值呈逐年上升趋势。具体分析,自 2010 年的 9 569.85 亿元增长至 2020 年的 22 156.69 亿元,实现了 131.5%的增长率。该增长趋势不仅体现了广西在经济建设领域取得的显著成就,同时也映射出国家西部大开发战略及地区自身发展战略的高效执行。

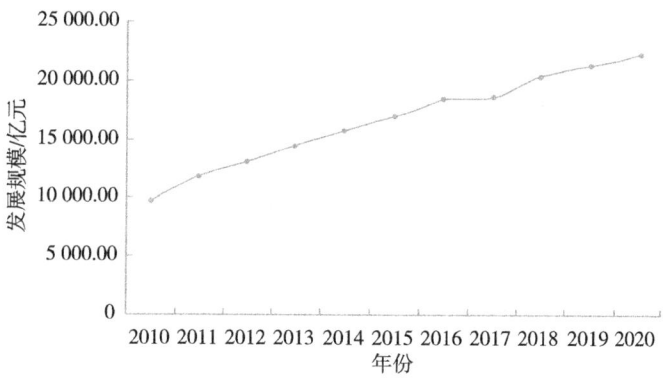

(a)发展规模

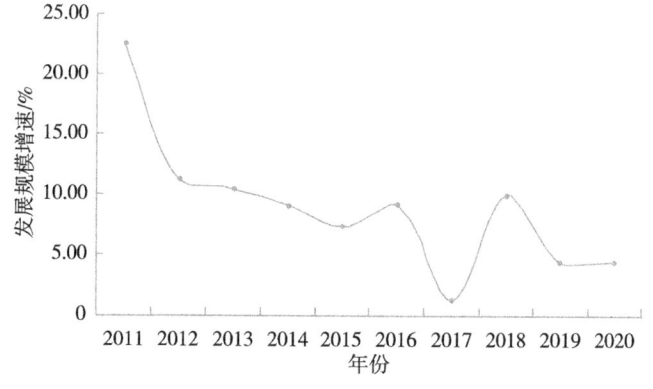

(b)增速情况

图 3-4　广西总体经济发展规模及其增速情况

如图 3-4(b)所示,2011—2020 年,广西地区生产总值增速总体呈下降趋势,2017 年下降幅度尤为明显,后期虽有回升,但受疫情影响,增长速度再度出现下滑。这种波动既反映了广西经济增长存在不稳定性,也反映了外部冲击对地区经济的显著影响。

2. 产业结构

如图 3-5(a)所示,广西第一产业和第三产业增加值均呈逐年增长趋势,这充分体现了广西在农业现代化和服务业发展方面持续的努力,以及取得的显著成果。然而,第二产业增加值则出现先升后降趋势,特别是自 2017 年起,广西第三产业增加值已超越第二产业。这一变化可能受产业结构调整、市场需求变化、技术创新迭代和环保政策约束等多重因素影响。尽管如此,第二产业仍然是广西经济的重要组成部分,对经济增长和就业稳定发挥着重要作用。

如图 3-5(b)所示,2016 年以前,第二产业在广西经济结构中的占比最高,而自 2017 年起,第三产业逐渐超越第二产业,成为占比最高的产业。这一转变标志着广西经济结构迈入深入调整阶段。服务业的崛起不仅提升了经济体系的整体质量和效益,更为广西可持续发展注入了新的动力。

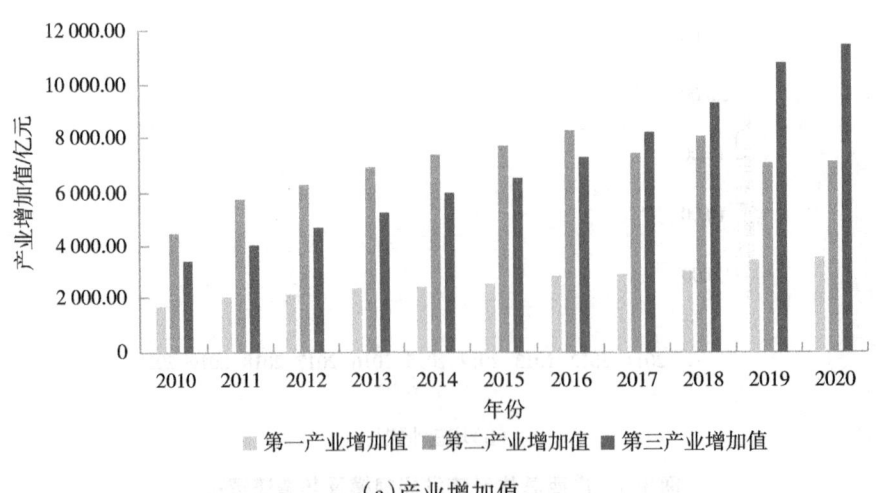

(a) 产业增加值

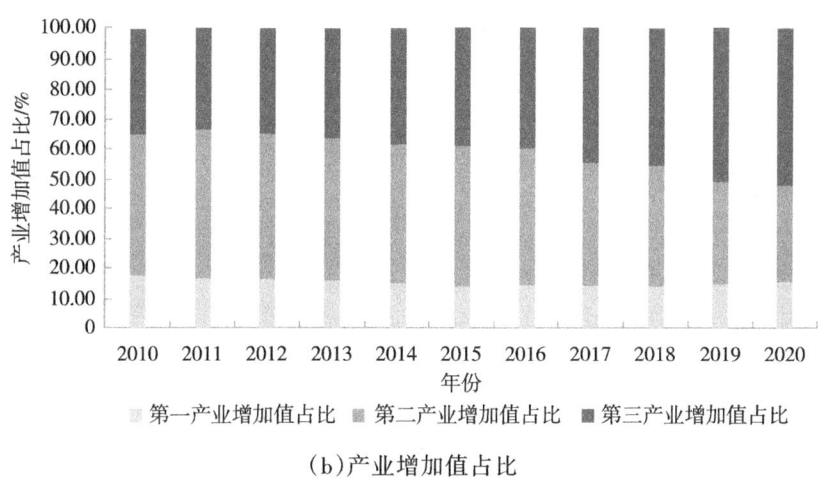

(b)产业增加值占比

图3-5 广西三次产业增加值及其占比

3. 固定资产投资

如图3-6(a)所示,2010—2018年,广西固定资产投资额呈逐年增长趋势。从2010年的5 237.24亿元增加到2018年的20 499.11亿元,增幅为291.4%。这一趋势既体现了广西经济活力不断增强,同时也预示其未来拥有更广阔的发展空间和潜力。

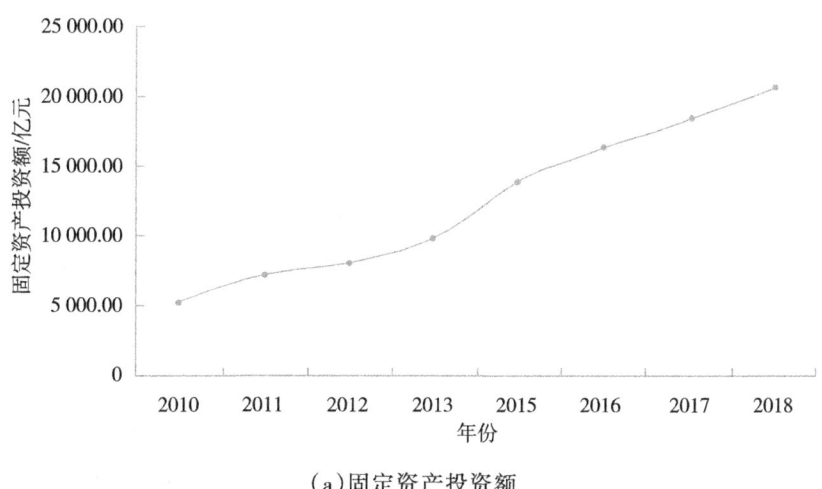

(a)固定资产投资额

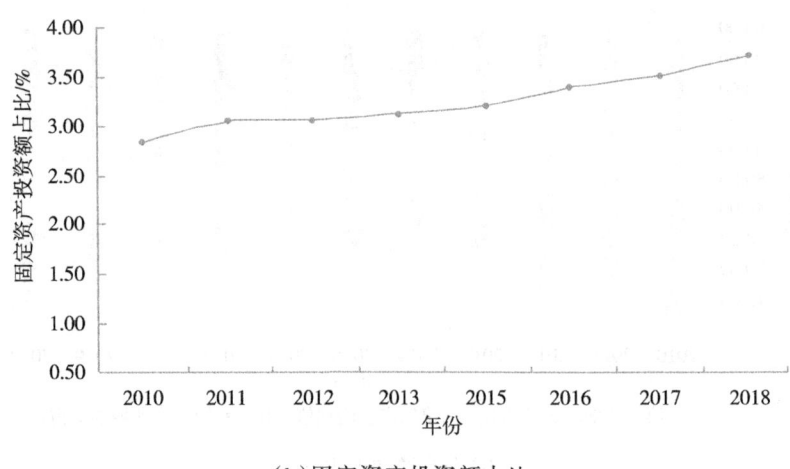

(b)固定资产投资额占比

图3-6 广西固定资产投资额及其占比

如图3-6(b)所示,2010—2018年,广西固定资产投资额虽然逐年上升,但2010年其在全国的占比仅为2.80%左右,且该占比增幅变化不大。这表明广西固定资产投资额的增长,在全国范围内并不突出。尽管广西在努力追赶全国发展的步伐,但在投资增速和规模上,可能未显著超越全国平均水平,也未实现更加显著的突破。

3.2.2 贵州

1. 总体经济水平

如图3-7(a)所示,2010—2020年,贵州地区生产总值呈逐年上升趋势,从2010年的4 602.16亿元增长到2020年的17 826.56亿元,增长了近3倍。这一显著增长反映了贵州在此时期经济发展的强劲动力和政策推动的有效作用。

如图3-7(b)所示,2011—2020年,贵州地区生产总值增速总体上呈下降趋势,其中2020年受全球疫情影响,增速降幅尤为明显。这一现象在一定程度上既反映了全球经济环境对贵州经济的影响,也反映了贵州经济在应对突发事件时所面临的挑战。

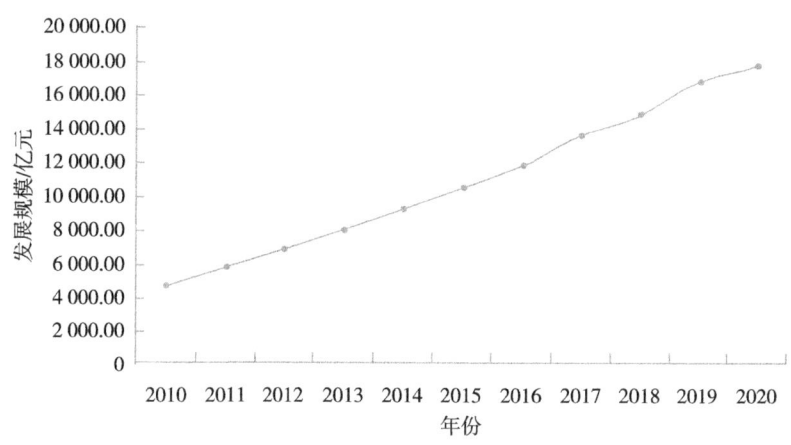

(a)发展规模

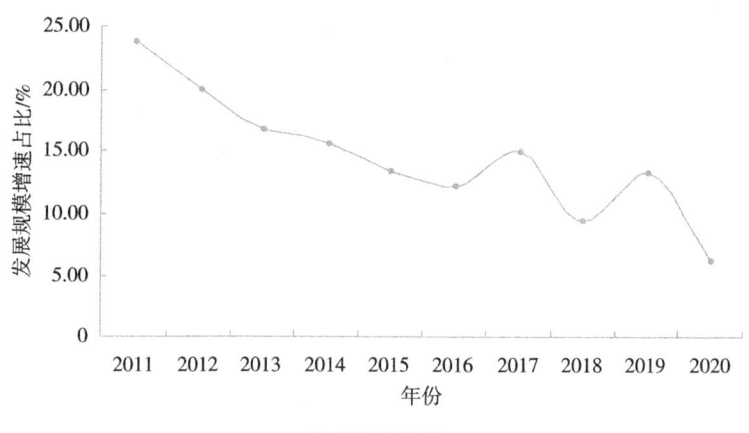

(b)增速情况

图 3-7 贵州总体经济发展规模及其增速情况

2. 产业结构

如图 3-8(a)所示,2010—2020,贵州第一产业、第二产业和第三产业增加值均呈逐年上升趋势。尤其是 2018 年起,第三产业增加值增速显著超越第二产业增加值增速。这一变化不仅标志着贵州在服务业领域的快速发展,也反映该省经济结构正向现代化、多元化和高级化方向迈进。

同样,如图3-8(b)所示,2018年起,第三产业占比逐渐提升,与第二产业的差距拉开。这预示未来贵州经济发展将更依赖于服务业,有助于构建更具有韧性、更可持续的经济增长模式。

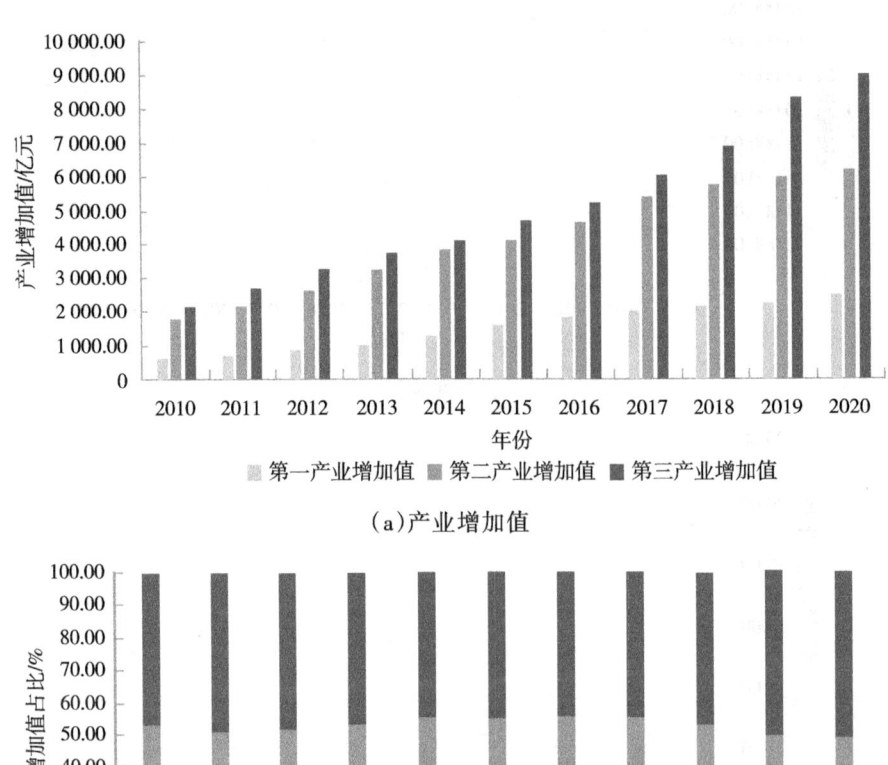

图3-8 贵州三次产业增加值及其占比

3. 固定资产投资

如图3-9(a)所示,2010—2018年,贵州固定资产投资额呈逐年增长趋势。具体分析,固定资产投资额从2010年的2 412.02亿元增长到2018年的15 503.86亿元,增长了5倍多。这一现象不仅体现了贵州经济发展显著加速,也体现了地方政府对基础设施建设、产业升级及社会民生项目的高度关注和持续投入;2013年起,增幅显著提升,这可能得益于国家政策红利释放,如西部大开发战略深入推进、脱贫攻坚战全面开展等,为贵州发展注入全新活力和动力。

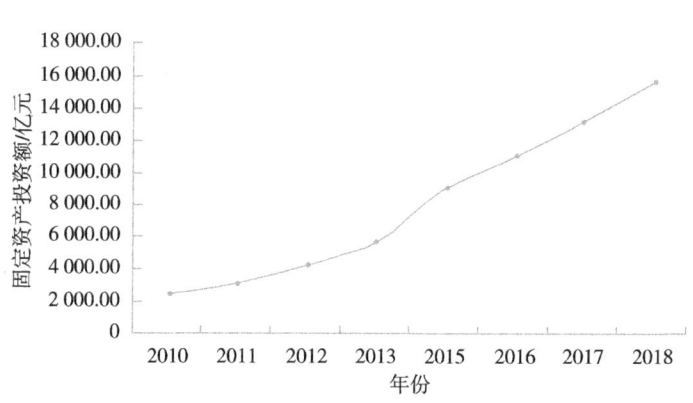

(a)固定资产投资额

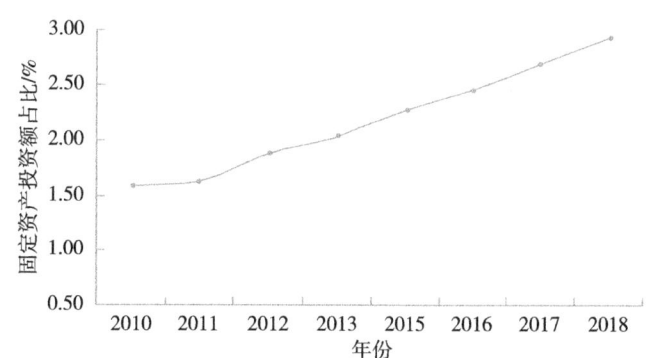

(b)固定资产投资额占比

图3-9 贵州固定资产投资额及其占比

如图3-9(b)所示,2010—2018年,尽管贵州固定资产投资额逐年上升,但其在全国的占比仅为1.50%~3.00%,且占比增幅变化较小。

3.2.3 云南

1. 总体经济水平

如图3-10(a)所示,2010—2020年,云南地区生产总值呈逐年上升趋势,从2010年的7 224.18亿元增长到2020年的24 521.90亿元,增幅高达239.4%,这一数据彰显出云南经济活力的不断释放与增强。

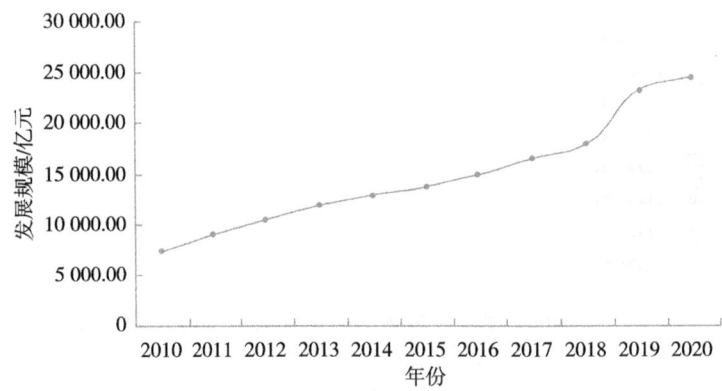

(a)发展规模

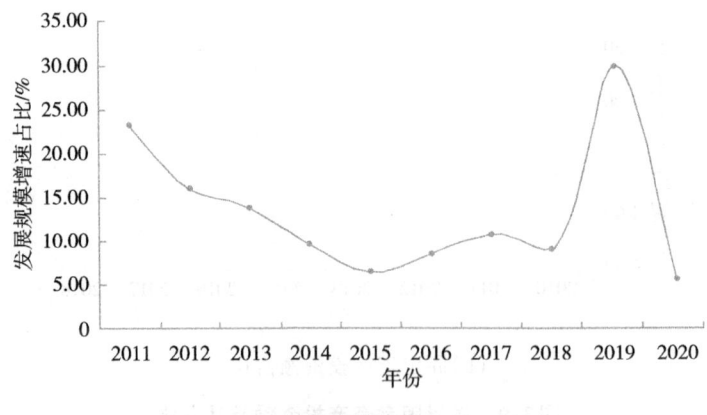

(b)增速情况

图3-10 云南总体经济发展规模及其增速情况

如图3-10(b)所示,2011—2020年,云南地区生产总值增速呈先下降后上升再下降的波动趋势。其中,2018—2019年,地区生产总值增速显著回升,这一现象可能得益于前期政策红利逐步释放、新兴产业快速发展及市场环境持续优化,多重利好为经济增长注入强劲动力。然而,受全球疫情影响,2020年云南地区生产总值增速明显下滑。全球疫情不仅直接抑制了国内外市场需求,还对供应链稳定性和企业生产经营造成广泛影响,导致云南乃至全球经济增速普遍放缓,地区生产总值增速也随之显著回落。

2. 产业结构

如图3-11(a)所示,2010—2020年,云南第一产业、第二产业和第三产业增加值均呈逐年增长趋势。这充分说明云南在农业现代化、工业化和服务业发展方面取得的显著成果。2014年以前,云南第二产业和第三产业增加值相对均衡;2014年后,第三产业增加值逐年超越第二产业,增长趋势明显。这一变化既彰显了云南服务业发展的强劲势头,也预示该省经济结构正逐步向高级化、服务化方向转型。

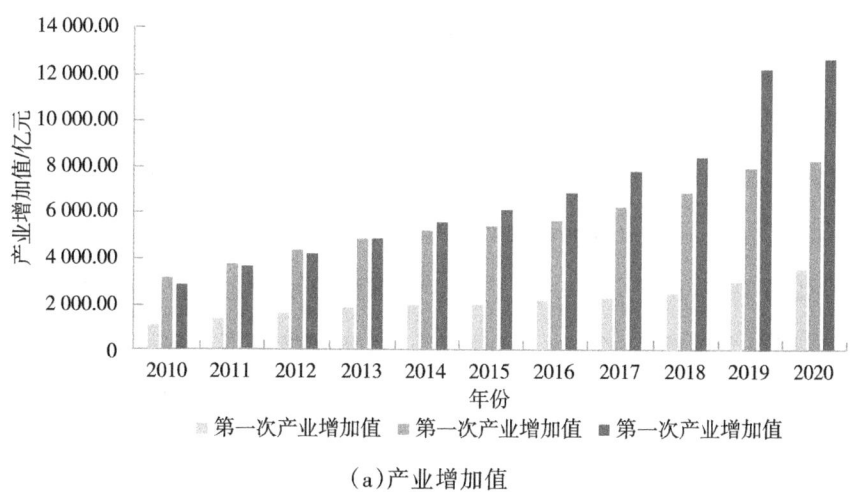

(a)产业增加值

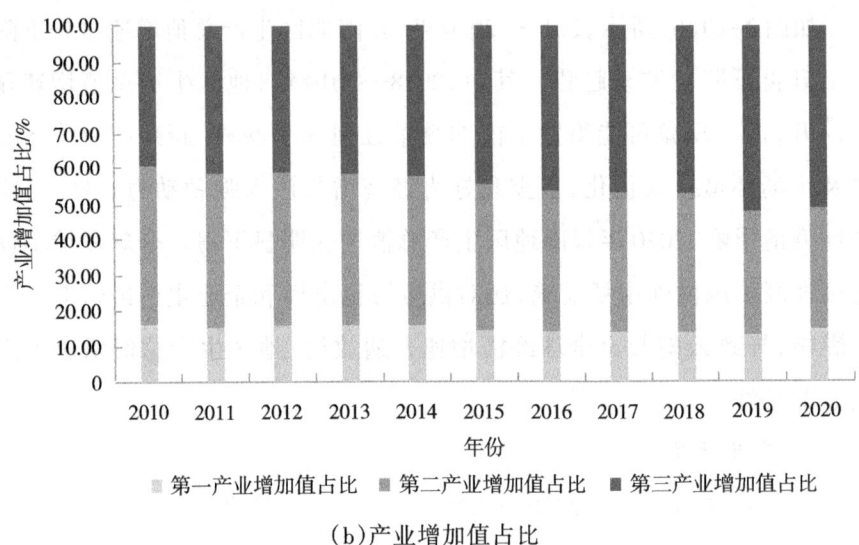

(b)产业增加值占比

图 3-11　云南三次产业增加值及其占比

如图3-11(b)所示,2010—2020年,云南第三产业占比逐年扩大。随着第三产业占比持续增长,云南经济结构将进一步优化,经济增长动力也将向多元化与可持续方向发展。

3. 固定资产投资

如图3-12(a)所示,2010—2018年,云南固定资产投资额呈逐年上涨趋势,从2010年的4 526.37亿元增加到2018年的18 935.99亿元,增长了318.3%。这一增长反映了地方政府在推动基础设施建设、驱动产业升级及增强经济发展潜力方面所取得的重要成果。

如图3-12(b)所示,2010—2018年,虽然云南固定资产投资额呈上升趋势,但在全国的占比仅为2.00%左右,且占比增幅度有限。这表明尽管云南固定资产投资显著增长,但其在全国范围内的影响力和地位,并未发生根本性转变。

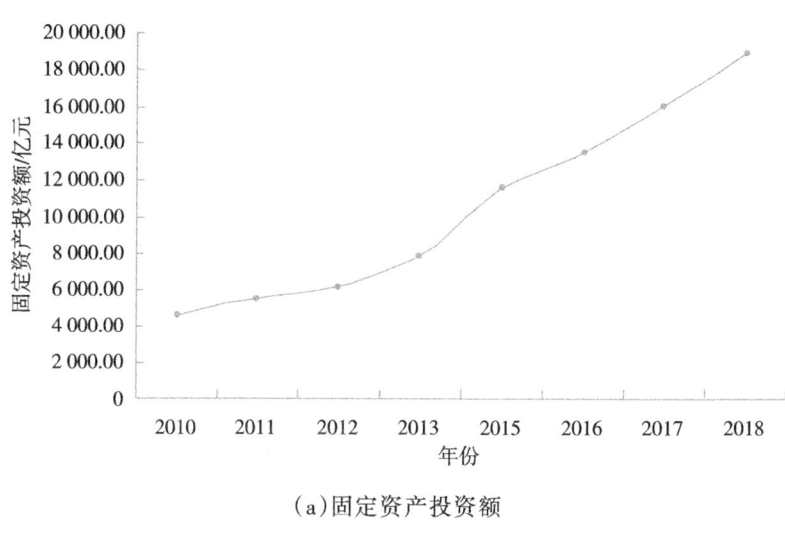

(a)固定资产投资额

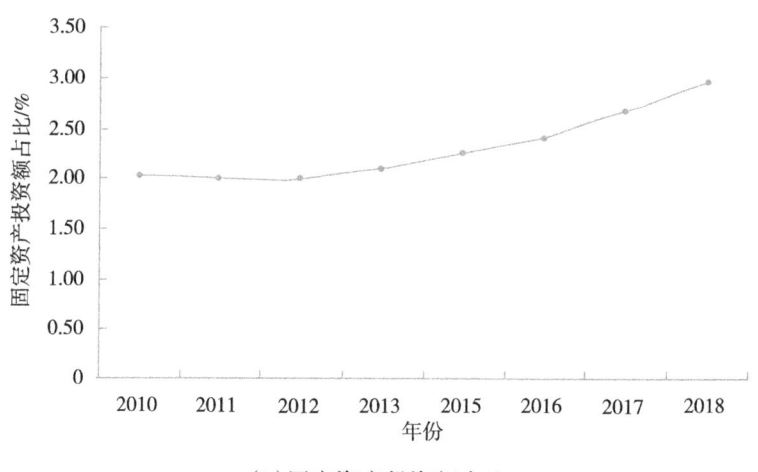

(b)固定资产投资额占比

图 3-12　云南固定资产投资额及其占比

3.3　西南地区资源型产业总体现状

3.3.1　经济效益现状

本研究选取了工业销售产值与利润总额两个指标,用以评估西南地区资源型产业的经济效益状况。

1. 工业销售产值总体保持稳定增长,但在全国的比重较低

如图3-13(a)所示,2010—2016年,西南地区工业销售产值呈持续增长态势,由2010年的7 000多亿元增长到2016年的近1.8万亿元,增长了1倍多。该显著增长揭示了西南地区资源型产业的稳定发展态势。

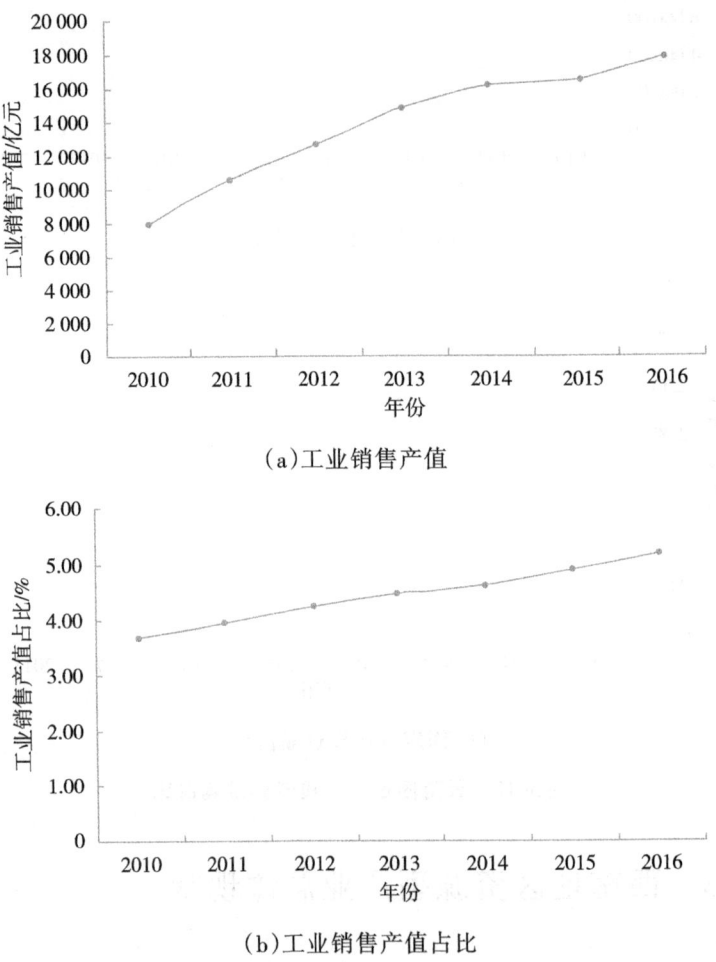

(a)工业销售产值

(b)工业销售产值占比

图3-13 西南地区资源型产业工业销售产值及其占比

如图3-13(b)所示,2010—2016年,西南地区资源型产业工业销售产值全国占比呈稳步上升趋势,且波动区间为3.50%~5.00%。尽管占比始

终较小,但这一稳定增长趋势说明西南地区资源型产业的发展空间仍然较大。

基于此,西南地区在资源型产业的发展水平上相较于全国平均标准呈现出一定差异性。然而,近年来该地区的发展趋势显示出积极的增长态势,尤其是贵州、云南等省份的工业增长,充分展现了该区域发展的巨大潜能。

2. 利润总额稳中有波动,占全国比重较低

如图3-14(a)所示,2010—2020年,西南地区利润总额表现为波动起伏态势。具体来看,利润总额从2010年的600多亿元增长到2020年的1 000多亿元,增长了66.67%。这一增长反映了西南地区资源型产业在过去十年中整体扩张和盈利能力的提升。然而,这一时期的增长并非一帆风顺,2011—2015年,西南地区利润总额呈下降趋势,尤其是2019年的利润总额几乎与2011年持平,这表明西南地区资源型产业的经济效益波动较大,面临较大压力。

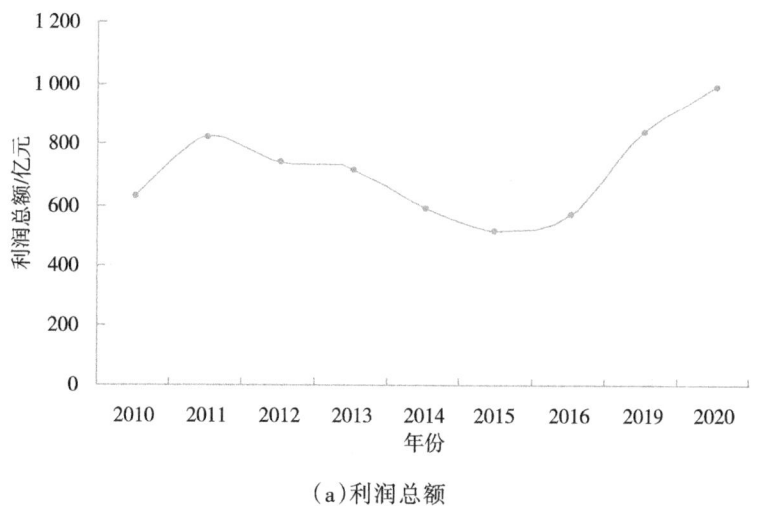

(a)利润总额

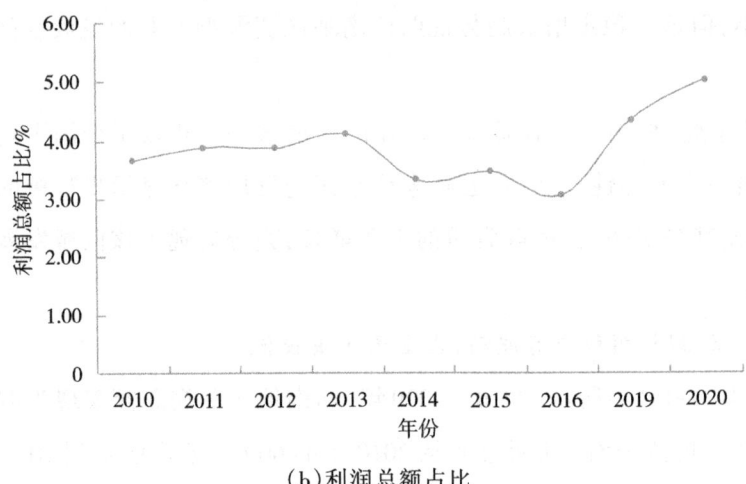

(b)利润总额占比

图 3-14　西南地区资源型产业利润总额及其占比

如图 3-14(b)所示,2010—2020 年,西南地区资源型产业利润总额全国占比在 3.00%~5.00% 波动,占比始终较低。这说明尽管西南地区资源型产业正处于扩张阶段,然而其在全国范围内的利润贡献度尚需进一步提升。此问题可能归因于该地区产业结构不完善、技术水平相对滞后,以及市场竞争力不足等因素。

3.3.2　产业规模现状

本研究以资产规模指标作为衡量西南地区资源型产业规模的基准。如图 3-15(a)所示,2010—2020 年,西南地区资源型产业产业规模呈稳步上升趋势,从 2010 年的 800 多亿元增长到 2020 年的 2 000 多亿元,增长了 1 倍多。这一增长趋势表明,西南地区资源型产业发展呈积极态势。例如,在矿产资源开发方面,云南省以其丰富的有色金属资源,如铜、铅、锌、锡等,吸引了众多国内外投资,推动了矿业及相关加工产业资产规模迅速扩张。据最新统计,仅云南铜业集团一家,其资产总额从 2010 年的不到 100 亿元增长至 2020 年的近 700 亿元,年均复合增长率超过 20%,成为西南地区资源型产业资产增长的典范。

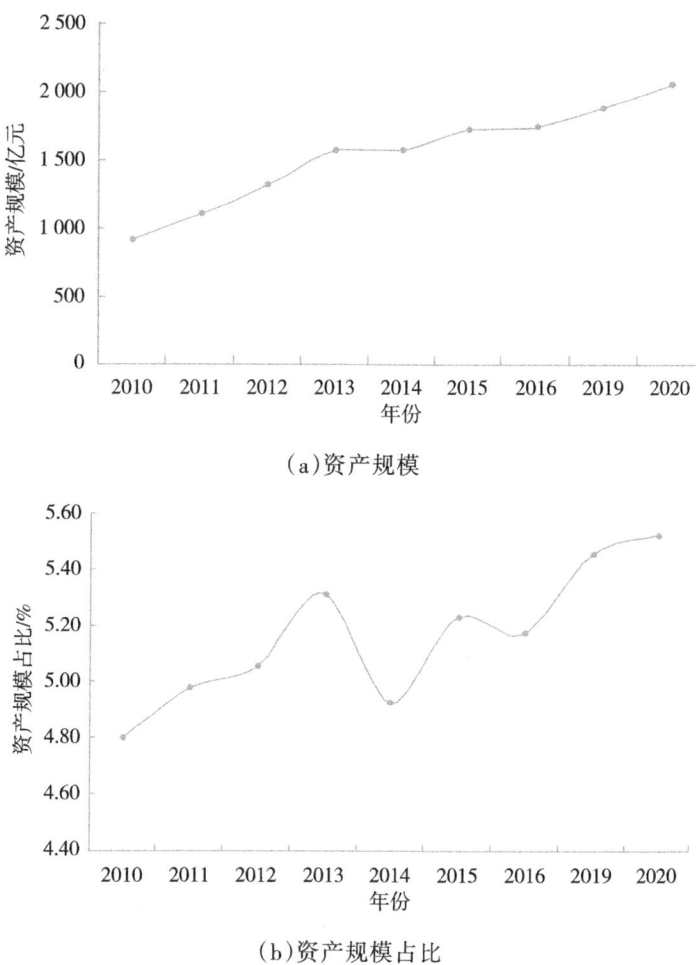

(a) 资产规模

(b) 资产规模占比

图 3-15 西南地区资源型产业资产规模及其占比

如图 3-15(b)所示,2020—2020 年,西南地区资源型产业资产规模全国占比表现出一定的波动特征,总体在 4.80%~5.50% 波动,相较于全国水平而言,该比例相对较低。这表明西南地区在资本累积、技术创新及市场拓展等维度与东部发达地区存在显著差异。进一步地,此类波动性可能映射出地区内部不均衡性,以及对外部市场高敏感度。尽管西南地区具备丰富的自然资源禀赋,然而由于交通基础设施建设相对滞后,以及人才和技术引进不足,其资源优势未能有效转化为经济优势,导致资产规模扩张速度受到限制。尽管如此,在"十四五"期间,西南地区资源型产业仍吸引了显著投资,总额达到1960亿元,这一数据进一步证实该地区资源型产业的发展潜力。

综上所述,西南地区资源型产业的资本存量在全国的比重相对较小,然而其持续增长态势及"十四五"规划期间的大规模资本投入计划,均揭示了该区域在资源型产业领域所蕴含的显著发展潜力。

3.3.3 就业现状

本研究通过分析西南地区资源型产业的平均就业人员数量(简称从业人数),揭示了该产业在就业方面的特点和趋势。如图3-16(a)所示,该地区资源型产业从业人数总体呈减少趋势,从2010年的150多万人下降到2020年的110多万人,该地区资源型产业从业人数的减少趋势表明,产业劳动力需求正经历显著下降。此现象的成因可从两个主要方面进行分析。首先,自动化与智能化技术的广泛应用导致资源型产业采纳更为高效的生产模式,进而降低了对人力资源的依赖。以云南某大型铜矿企业为例,该企业通过引进尖端采矿设备及智能化管理系统,显著提升了生产效率,并实现了直接劳动力需求的减少,降幅达到近30%。其次,环境政策的强化及对可持续发展的追求促使部分资源型产业向绿色低碳经营模式转型。尽管短期内这一转型可能导致就业机会缩减,但长期而言,它将有助于构建一个更为健康且可持续的就业环境。

第3章 西南地区经济及资源型产业发展的基本现状

如图3-16(b)所示,2010—2020年,西南地区资源型产业的从业人数全国占比在5.75%~5.90%波动,总体上呈下降态势。这一数据说明,尽管西南地区资源丰富,但其资源型产业在创造就业机会方面的能力有限,与全国平均水平相比存在一定差距。

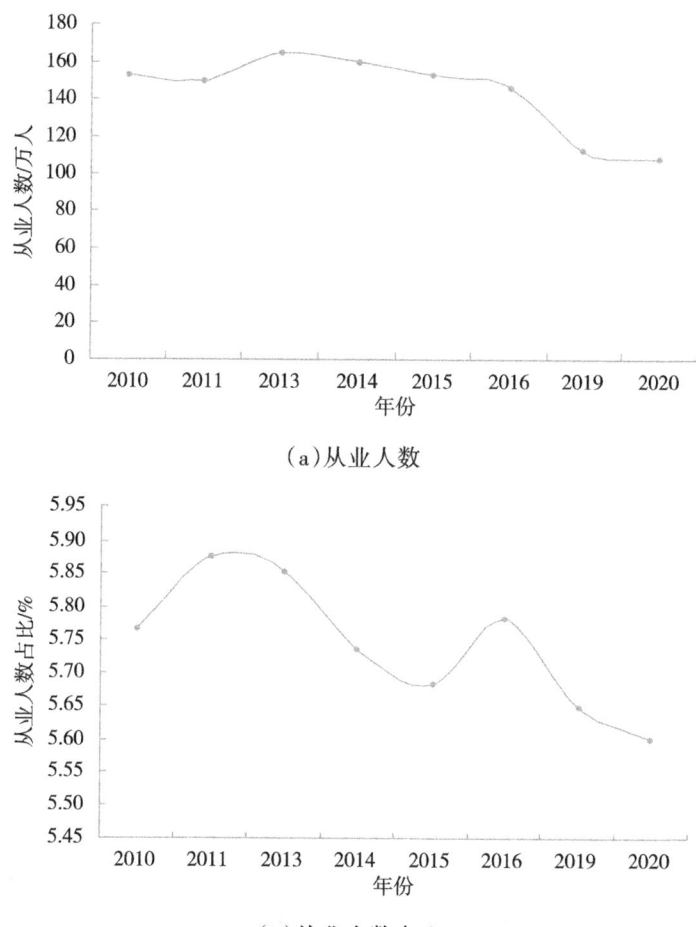

(a)从业人数

(b)从业人数占比

图3-16 西南地区资源型产业从业人数及其占比

在促进就业增长方面,西南地区资源型产业展现出显著的发展潜力。以贵州省为例,该省煤炭产业在21世纪初曾是就业吸纳的主要领域。然而,由于煤炭价格的波动及环保政策的强化,该行业从业人数自高峰时期的30余万人降至20余万人。然而,近年来贵州正积极推进产业转型升级,大力发展新能源及大数据产业,如贵阳的大数据交易中心,不仅创造了大量就业机会,还吸引了众多人才回流,为地方经济注入了新的活力。此外,西南地区产业结构的调整与优化,对攀西地区资源型产业结构的演进产生了显著的正面效应。2019年,攀西地区规模以上工业企业实现主营业务收入达到2 738.3亿元,增长率为23.4%,利税总额和利润总额分别达到207.51亿元和102.86亿元,分别增长了40.8%和52.4%。这些数据揭示,尽管从业人数有所下降,但产业结构的优化与升级显著提升了攀西地区的经济效益。在教育与就业服务领域,高等教育机构在推动地方就业方面发挥了关键作用。西南民族大学通过举办就业及实习双选会等活动,为毕业生提供了丰富的就业机会。其中,57.14%的毕业生选择在西南地区就业,这一比例显著高于其他地区。

综上所述,尽管西南地区资源型产业的就业现状面临诸多挑战,但通过产业结构的优化、教育资源的投入及就业服务的改善,该地区的就业状况有望得到显著改善。

3.3.4 固定资产投资现状

2010—2018年,西南地区资源型产业的固定资产投资额全国占比呈上升态势。如图3-17(a)所示,该地区的固定资产投资额从2010年的千亿级别增长至2018年的超过3 000亿元,这一数据反映出该地区在资源开发与利用方面获得了显著的投资支持。然而,这种增长并非无迹可循,其背后实则受到一系列政策和市场因素的驱动。以云南省为例,该省拥有丰富的矿产资源,包括铜、铅、锌等有色金属及煤炭、石油等能源矿产。为了充分利用这些资源,促进地方经济发展,云南省人民政府推

第3章 西南地区经济及资源型产业发展的基本现状

出了一系列优惠政策,吸引了大量国内外投资者。与此同时,随着国内外市场对资源需求的持续增长,西南地区的资源型产业也迎来了空前的发展机遇。此类投资的增长对西南地区具有深远的影响。首先,它促进了当地资源的有效开发与利用,提高了资源的附加值和经济效益。其次,这些投资还推动了相关产业的发展,如采矿业、冶炼业、制造业等,形成了完整的产业链,进一步促进了经济的繁荣发展。此外,这些投资也有助于推动就业,提升当地居民的收入水平,改善其生活质量。

如图 3-17(b)所示,2010—2018 年,西南地区资源型产业固定资产投资额全国占比呈波动趋势,在 10.50%~12.80% 波动,表现出先降低后升高的模式,但整体变化幅度相对有限。该现象揭示了西南地区在资源型产业投资领域所遭遇的若干问题与挑战。首先,尽管固定资产投资总额呈增长态势,但投资结构的合理性存疑。部分区域可能过度依赖于传统资源开发模式,而对技术创新与产业升级的关注度不足,这可能引发资源利用效率低下及环境污染等严重问题。其次,部分地区可能遭遇投资不足的困境。由于资金、技术和人才等多方面的限制,一些具有潜在发展能力的项目可能无法获得充分的发展空间和必要的支持。

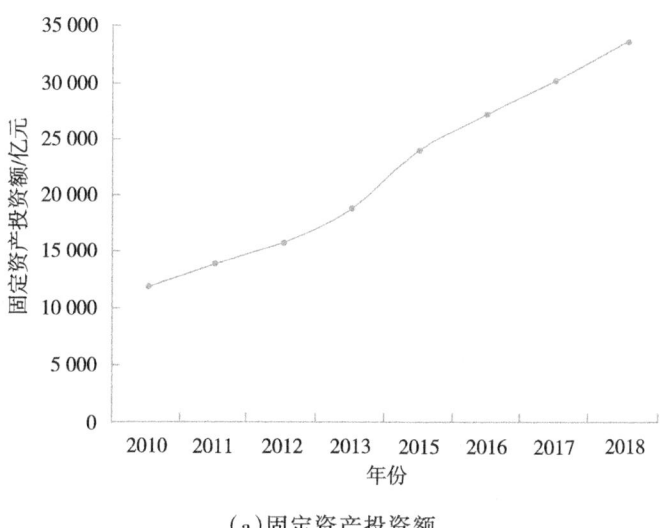

(a)固定资产投资额

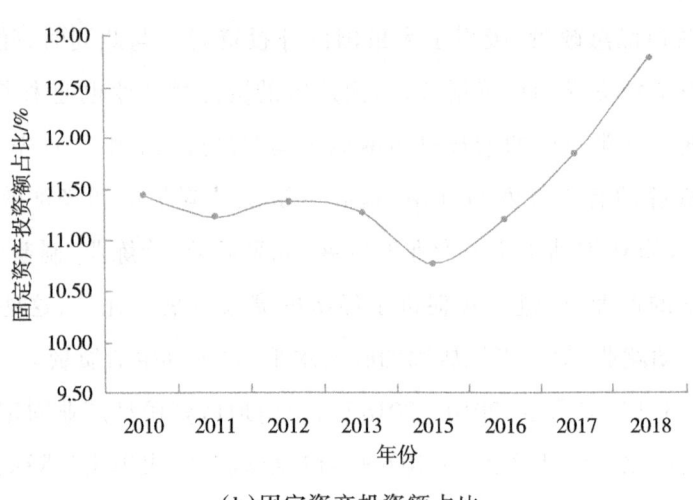

(b)固定资产投资额占比

图3-17 西南地区资源型产业固定资产投资额及其占比

综上所述,近年来,西南地区资源型产业的固定资产投资,展现出显著的增长趋势,对区域经济发展产生了积极的推动作用。然而,在投资规模持续扩张的背景下,投资结构与质量的优化不容忽视。本研究进一步探讨了产业结构优化、技术创新驱动、环境保护策略及政策扶持体系等关键领域的深入分析,旨在保障投资活动的效率与可持续性。

3.4 分省(区)分行业的资源型产业现状

3.4.1 广西

1. 主要资源类型

广西位于中国南部,蕴藏着丰富的矿产资源,为该地区经济发展提供了坚实的资源支撑。截至2022年,广西已发现172种矿产,其中132种矿产的资源储量已确切探明,且有88种矿产的资源储量在全国排名前十位。这些主要资源类型可分为以下几类。

有色金属矿产资源:广西地区具有独特的有色金属资源优势,素有

"有色金属之乡"之称,是全国十大有色金属主要产地之一。该地区的有色金属矿产资源主要包括铝、锡、锰、铟、钨、锌、锑、银等多种金属,且在广西境内分布具有显著的特点。其中,铝土矿资源十分丰富,广西是中国主要的铝土矿产区之一,其资源主要分布在桂西地区;锡矿储量大,品质优良,主要分布在桂北地区;锰矿资源在全国占有相当大的比例,分布较广,主要集中在桂南地区。

非金属矿产资源:主要有碳酸钙、重晶石、花岗岩、滑石、膨润土、高岭土、稀土矿等。在广西,非金属矿产资源的分布广泛,各个地区都有丰富的矿产资源。这些非金属资源各自具有不同的特性,部分矿物因其独特的物理和化学属性而备受瞩目,而另一些则因储量丰富而具有显著的经济价值。

能源矿产资源:主要包含煤炭、石油、天然气等。在广西,煤炭资源的分布较为分散,且储量相对有限。而石油和天然气资源主要分布在广西沿海地区,尤其是北部湾地区,具有一定的开发潜力。

2. 主要资源储量

广西地区矿产资源储量丰富,尤其在有色金属及非金属矿产资源领域表现出显著的资源优势。根据相关统计数据,该地区在12种矿产资源的储量上位居全国之首,涵盖了锆、钪、熔剂用灰岩、化肥用灰岩、压电水晶、建筑石料用灰岩、玻璃用白云岩、玻璃用砂、高岭土、水泥配料用黏土、水泥配料用泥岩及建筑用大理岩等。关于具体矿产资源储量的详细数据,可参考广西统计年鉴,详见表3-1。

表3-1 广西矿产资源储量

矿产类别	储量/万吨
锰矿(矿石)	47 632
锡(Sn)	51
砷(As)	74

续表

矿产类别	储量/万吨
钨(WO_3)	44
锑(Sb)	42
铝土矿(矿石)	66 395
滑石(矿石)	1 741
重晶石(矿石)	4 281
镁(矿石)	161
硫铁矿(矿石)	34 463
煤矿(矿石)	185 610

3. 资源型地区的数量

广西共计拥有10个资源型地区，这些地区分布于不同城市与区域，基于其丰富的自然资源，被认定为资源型城市或资源富集区。具体而言，地级行政区包括百色市、河池市、贺州市；县级市涵盖岑溪市与合山市；县(自治县、林区)则包括隆安县、龙胜各族自治县、藤县和象州县；市辖区(开发区、管理区)为贺州市平桂区。以下将对各地区特色资源进行详细阐述。

百色市位于西南部，是重要的海上通道。该市已探明的矿产资源多达57种，其中铝土矿储量尤为突出，使其成为中国十大有色金属矿区之一。百色市的铝工业已构建起从铝土矿开采到铝材精深加工的完整产业链，此举显著提升了产业的整体竞争力。

河池市坐落于广西西北部，该地区的矿产资源极为丰富，被誉为"有色金属之乡"。其中，锡、铅、锌、锑等矿产储量在广西占据领先地位。依托于丰富的矿产资源，河池市建立了多个以矿产资源开发为主的产业园区，如河池—南丹有色金属新材料工业园区等，这些园区为矿产资源的开采、加工和利用提供了优良的平台。

贺州市位于广西东部,该地区拥有丰富的矿产资源,包括黑色金属、有色金属、稀有金属、贵金属、非金属矿产等。

岑溪市地处广西东南部,隶属于梧州市。该市拥有丰富的矿产资源,特别是在稀土新材料产业领域表现出显著的优势。自2023年起,糯垌稀土矿矿产资源开发项目已启动建设,总投资达15亿元,该项目包含糯垌稀土矿矿产资源的开发、稀土冶炼分离及下游稀土深加工三个子项目。

合山市隶属于广西来宾市,是一座新兴的工矿城市。该市矿产资源丰富,尤以煤炭资源最为突出。合山市的煤田地质储量巨大,总量超过7亿吨,覆盖面积超过300平方千米,占据该市总面积的70%以上,因此被誉为"广西煤都"。市区有广西最大的煤矿企业——合山矿务局。此外,合山市还蕴藏着石灰岩、泥岩、砂岩、白云岩、方解石、铁矿等14种主要矿产,其中石灰岩矿的资源储量约7.7亿吨,是桂中大理石的重要产地之一。

隆安县隶属于广西南宁市,拥有多种矿产资源,包括煤、锑、铅、锌、钨、铋、水晶、磷、石膏9种矿产,且已探明小型矿床2处、矿点6处及矿化点16处。

龙胜各族自治县隶属于广西桂林市,以丰富的滑石资源而闻名。

藤县,隶属于广西梧州市,经查明蕴藏有钛、铁、金、重晶石、花岗岩、铅锌、硅等20余种矿产资源,其中钛和高岭土储量分别为2 150万吨和6.7亿吨。

象州县隶属于广西来宾市,已探明的主要矿产资源包括重晶石、锰、铜、铅、锌等十余种,其中重晶石储量尤为丰富,其已探明的储量超过3 000万吨,占广西总探明储量的55.7%。凭借这一优势,重晶石的开采、加工及运输产业已成为象州县工业的主导产业,并为象州经济的发展提供了重要支柱。

贺州市平桂管理区,已探明的矿产种类超过60种,其中包括锡、钨、黄金、银、锰、铁、稀土、花岗岩、大理石及高岭土等。尤其是大理石资源非常丰富,其潜在储量超过26亿立方米,因此该地区被誉为华南地区最大的大理石矿产基地。

4. 非金属矿物制品行业的发展状况

(1)工业销售产值

如图3-18(a)所示,2010—2016年,广西非金属矿物制品业工业销售产值在总体上呈稳步上升趋势。具体分析,该产值从2010年的500多亿元增长至2016年的1 700多亿元,增速显著,这反映出广西非金属矿物制品业的工业销售产值发展态势积极,并且呈现出持续增长趋势。

(2)资产规模

如图3-18(b)所示,2010—2020年,广西非金属矿物制品业资产规模呈稳定增长趋势。具体分析,该行业资产规模从2010年的约500亿元增长至2020年的超过1 600亿元。这一数据变化揭示了广西非金属矿物制品业的资产规模持续扩大,产业规模实现了稳步增长。

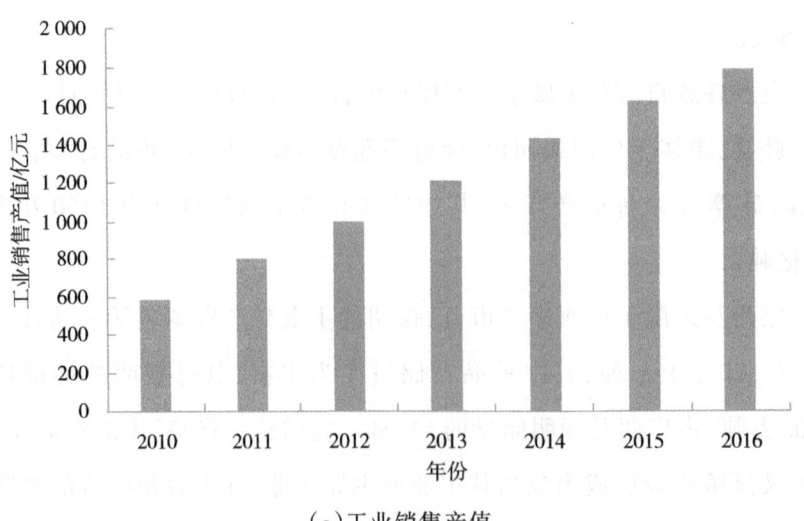

(a)工业销售产值

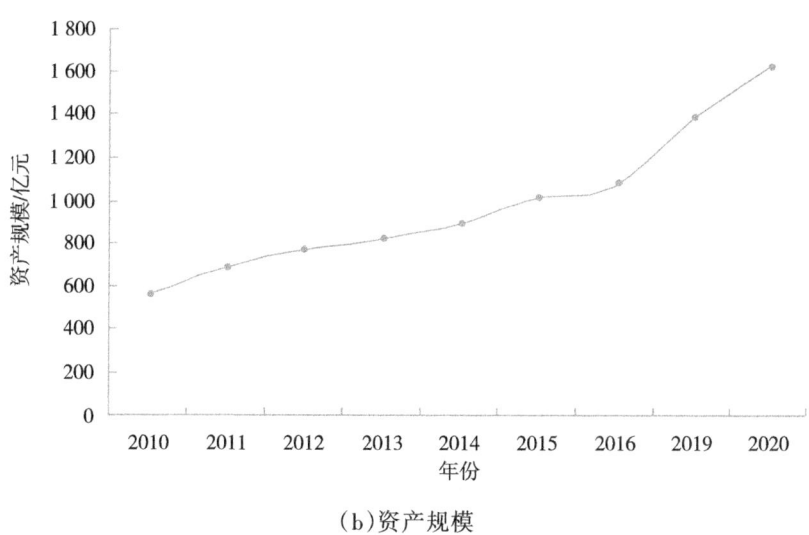

(b)资产规模

图 3-18　广西非金属矿物制品业工业销售产值与资产规模

（3）利润总额

如图 3-19（a）所示，2010—2020 年，广西非金属矿物制品业的利润总额呈稳定增长趋势，从 50 多亿元增长至约 200 亿元，表明该省非金属矿物制品业的发展态势良好，并且利润总额仍具有较大的增长潜力。

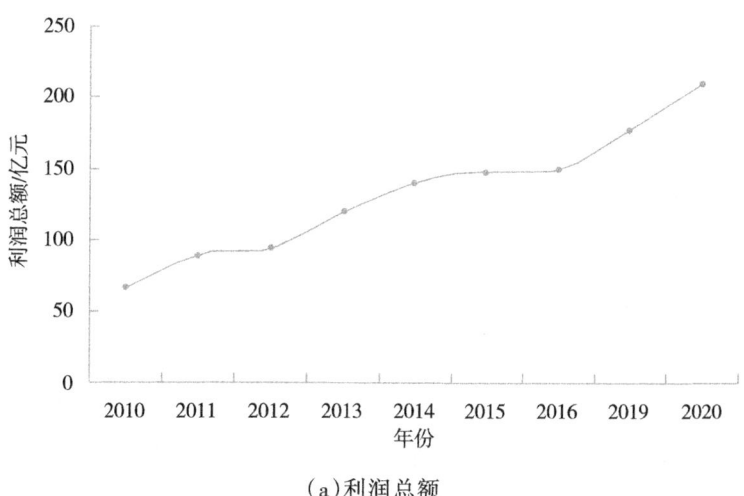

(a)利润总额

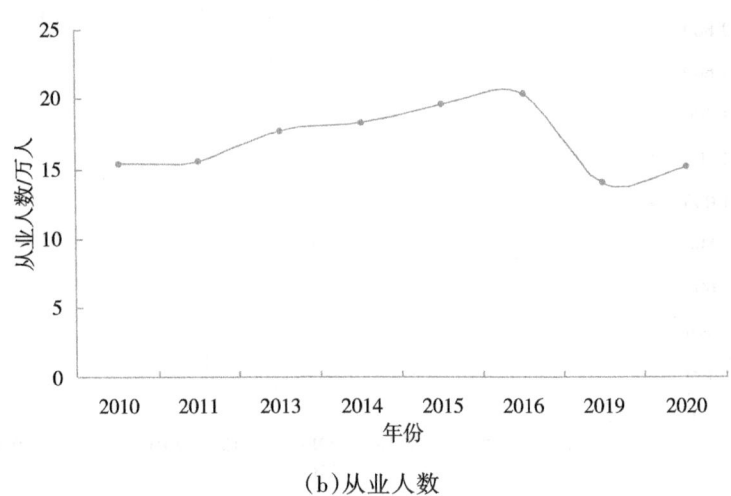

(b)从业人数

图3-19 广西非金属矿物制品业利润总额与从业人数

(4)从业人数

如图3-19(b)所示,2010—2020年,广西非金属矿物制品业从业人数呈先增长后减少趋势。具体分析,2010—2016年,从业人数维持在约17万人的水平,并呈现出波动性变化;而2016—2019年,从业人数呈下降趋势,这反映出广西非金属矿物制品行业正在经历加速的转型升级过程。

5. 化学工业发展状况

(1)工业销售产值

如图3-20(a)所示,2010—2016年,广西化学工业工业销售产值呈稳定增长趋势。具体分析,该产值从2010年的500多亿元增长至2016年的超过1 100亿元,增幅超过1倍,这反映出广西化学工业市场需求的强劲态势,并且该行业在经济收益方面取得了显著成就。

(2)资产规模

如图3-20(b)所示,2010—2020年,广西化学工业资产规模经历了波动性变化,然而从总体上看,呈现出增长态势。具体分析,资产规模自2010年的400多亿元增长至2016年的700多亿元。然而,在2016—2019年,资产规模呈下降趋势。

第3章 西南地区经济及资源型产业发展的基本现状

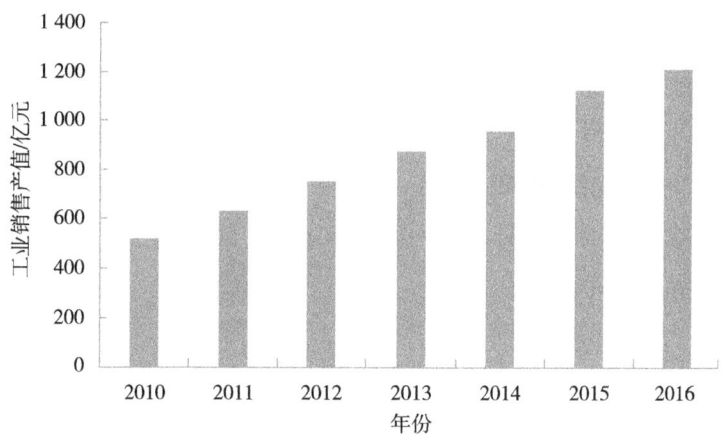

(a)工业销售产值

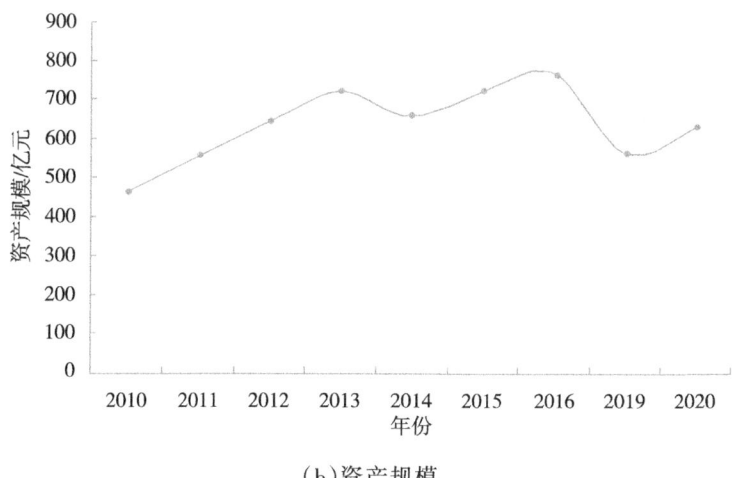

(b)资产规模

图3-20 广西化学工业工业销售产值和资产规模

(3)利润总额

如图3-21(a)所示,2010—2020年,广西化学工业利润总额呈先平稳增长后急剧下降再增长态势。具体分析,2010—2016年,利润总额整体呈逐步增长趋势,从2010年的40多亿元增加至2016年的约70亿元。然而,2016—2019年,利润总额呈显著下降趋势,随后在2020年实现了增长逆转,这表明该省化学工业产业的利润波动性较大,且存在较大的增长潜力。

(4)从业人数

如图3-21(b)所示,2010—2020年,广西化学工业从业人数整体呈下降态势。具体分析,2010—2016年,广西化学工业从业人数维持在约9万人的规模。然而,自2016年以来,该行业的从业人数呈显著下降趋势,至2020年已减少至约4万人。这一现象揭示了广西化学工业在就业吸纳能力方面尚需进一步加强。

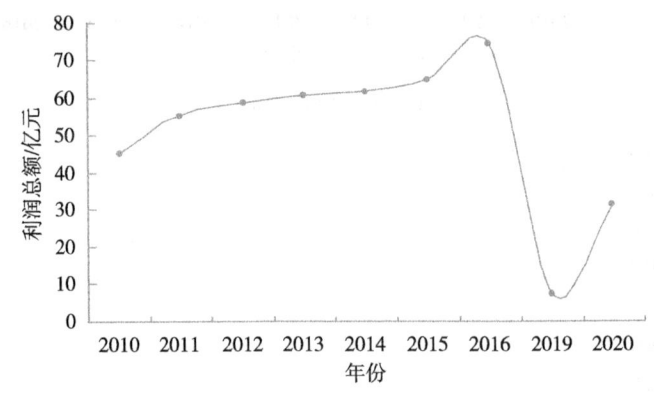

(a)利润总额

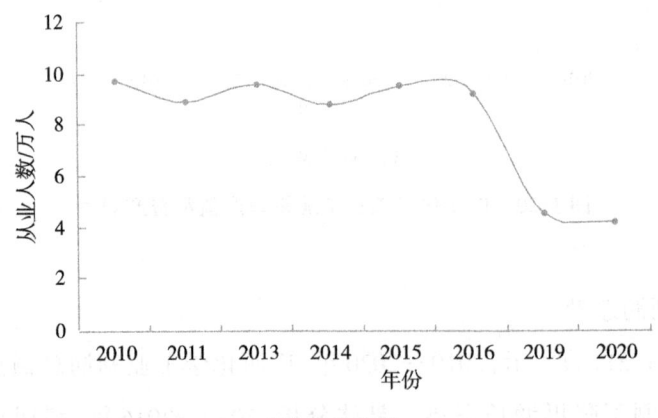

(b)从业人数

图3-21 广西化学工业利润总额与从业人数

6. 金属冶炼及压延加工业发展状况

(1)工业销售产值

如图3-22(a)所示,2010—2016年,广西金属冶炼及压延加工业工业销售产值整体呈稳定增长趋势。具体分析,从2010年的1 500多亿元增长到2016年的3 500多亿元,增长了1倍多,这表明广西金属冶炼及压延加工业在开拓市场方面取得了显著成效。

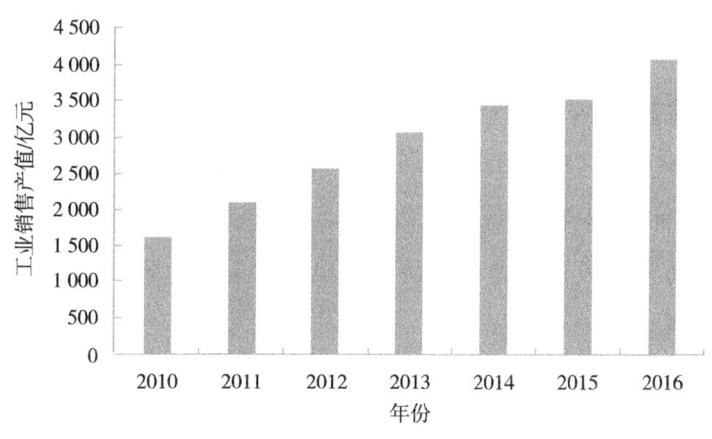

(a)工业销售产值

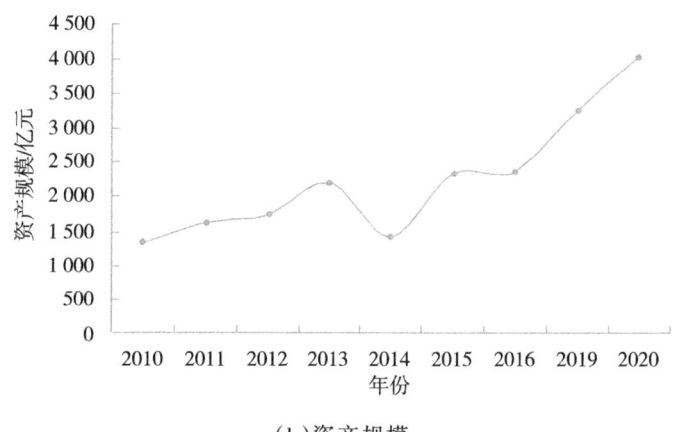

(b)资产规模

图3-22 广西金属冶炼及压延加工业工业销售产值与资产规模

(2)资产规模

如图3-22(b)所示,2010—2020年,广西金属冶炼及压延加工业资产规模虽然呈现出一定程度波动,但总体呈快速增长态势。具体分析,该产业的资产规模自2010年的1 300多亿元增长至2020年的4 000多亿元,这一数据反映出广西金属冶炼及压延加工业企业投资规模的显著扩张及产业持续增长的趋势。

(3)利润总额

如图3-23(a)所示,2010—2020年,广西金属冶炼及压延加工业利润总额呈先下降后波动上升趋势。具体分析,该行业利润总额从2012年的40多亿元增加至2020年的180多亿元。2010—2012年,利润总额呈现递减趋势,然而2012年起,该行业利润总额在波动中持续攀升,这反映出广西金属冶炼及压延加工业在经历了一段增长缓慢的阶段后,其经济效益正逐步改善。

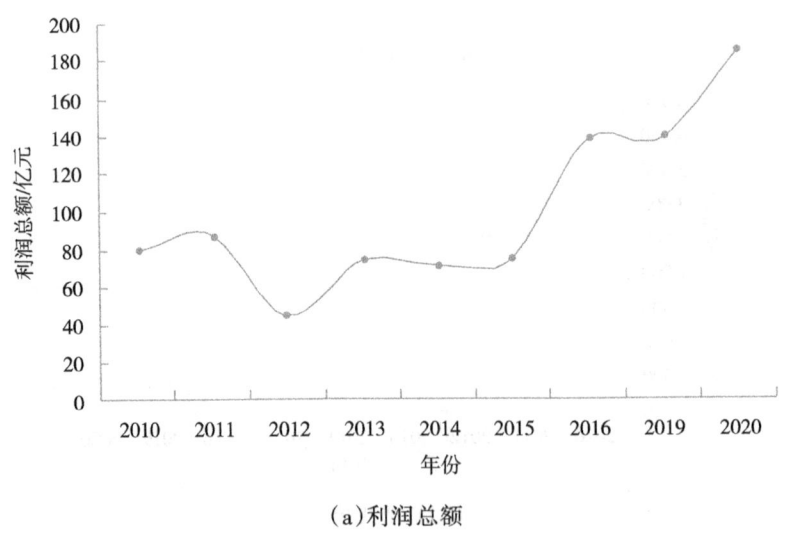

(a)利润总额

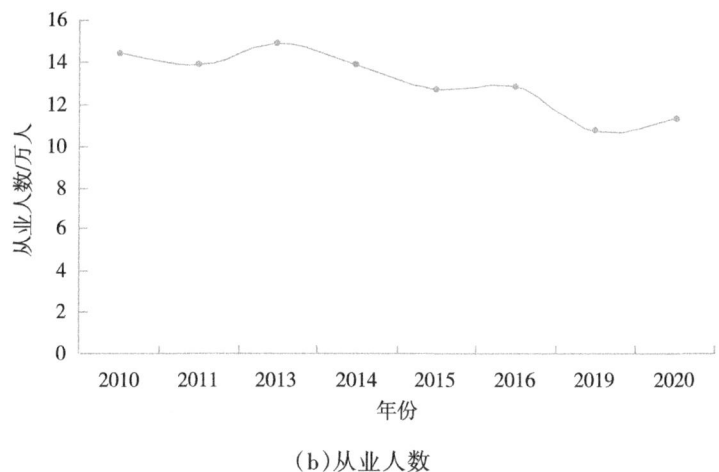

(b)从业人数

图 3-23　广西金属冶炼及压延加工业利润总额与从业人数

(4) 从业人数

如图 3-23(b)所示,2010—2020 年,广西金属冶炼及压延加工业从业人数整体呈稳定下降趋势。具体分析,2010—2013 年,从业人数保持在 14 万人左右,但 2014—2020 年,该行业从业人数呈明显下降趋势,但波动相对较小。

7. 金属制品业发展状况

(1) 工业销售产值

如图 3-24(a)所示,2010—2016 年,广西金属制品业工业销售产值整体呈快速增长趋势。具体分析,该行业工业销售产值由 2010 年的 90 多亿元增长到 2016 年的 400 多亿元,增长了 3 倍多,这表明广西金属制品业的产品在市场需求方面表现出积极态势。

(2) 资产规模

如图 3-24(b)所示,2010—2020 年,广西金属制品业资产规模经历了迅速扩张后又缩减的发展过程。具体分析,该行业资产规模从 2010 年的 50 多亿元增长至 2016 年的 200 多亿,又回落至 2019 年的 110 亿元左右。然而,从宏观发展趋势分析,广西金属制品业的资产规模持续展现出显著的增长势头。

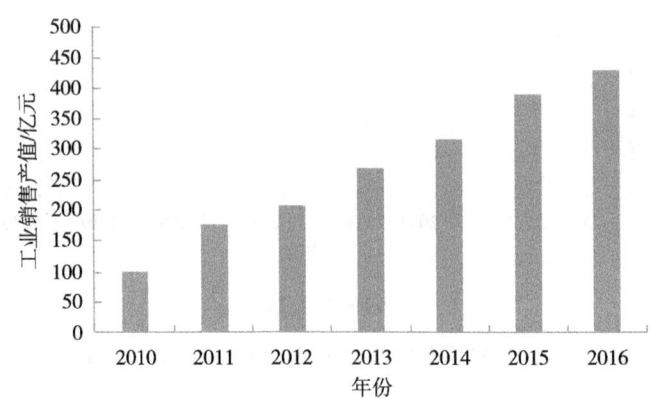

(a)工业销售产值

(b)资产规模

图3-24　广西金属制品业工业销售产值与资产规模

(3)利润总额

如图3-25(a)所示,2010—2020年,广西金属制品业利润总额呈显著波动性特征。具体分析,2010—2011年,广西金属制品业利润总额呈显著增长趋势,从2010年的约7亿元显著增长至2011年的17亿元,展现出迅猛的增长势头。然而，2011—2013年，利润总额出现下降趋势。随后，2013—2016年，利润总额有所恢复，并在2016年达到了约30亿元。继此之后，利润总额再度呈现急剧下滑趋势，此现象揭示了广西金属制品业在经济收益稳定性方面存在缺陷，并且正面临增长乏力的严峻挑战。

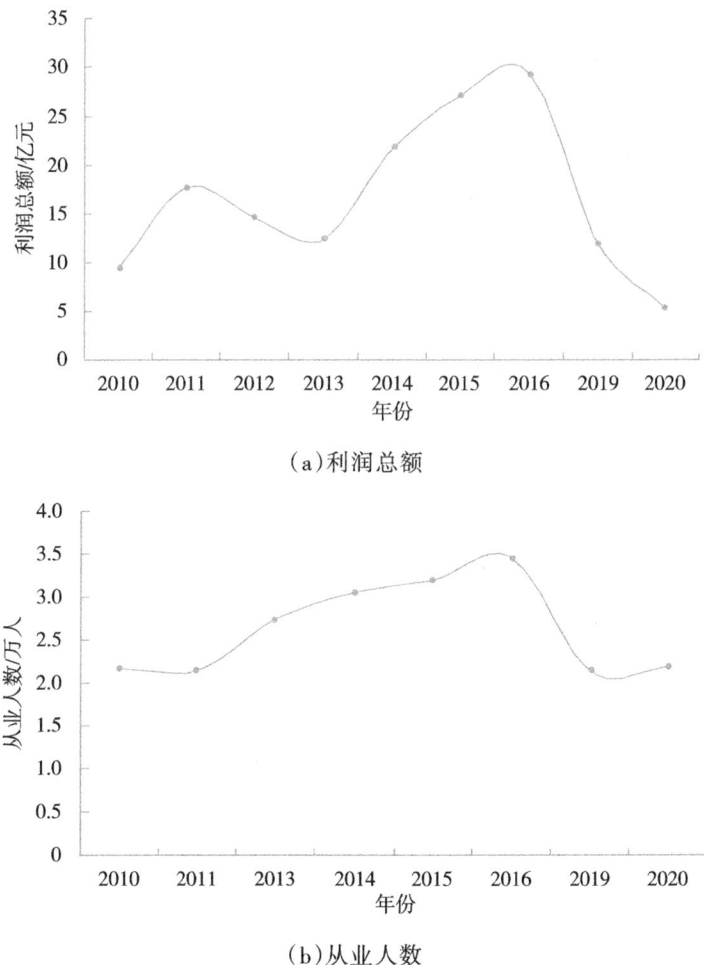

(a) 利润总额

(b) 从业人数

图3-25 广西金属制品业利润总额与从业人数

(4) 从业人数

如图 3-25(b)所示,2010—2020 年,广西金属制品业从业人数呈先上升后下降态势。具体分析,2010—2016 年,从业人数由 2.2 万人左右增加到 3.5 万人左右;然而到了 2016—2019 年,从业人数又减少至 1.8 万人左右,这一变化表明广西金属制品业的就业吸纳能力有所减弱。

3.4.2 云南

1. 主要资源类型

云南省作为我国矿产资源种类最为丰富的省份之一,迄今为止已探明的矿产种类达到 157 种,占全国已发现矿种的 91%,因此被誉为"有色金属王国"及"磷化工大省"。该省的矿产资源主要可以划分为以下几大类别。

有色金属矿产资源:该类资源主要包括锡、铜、铅、锌、钨、镍、铂族金属等。其中,锡矿资源在全国范围内占据领先地位,特别是在滇东南地区极为丰富,主要分布在红河州的个旧市和文山州的马关县。此外,滇西的保山市也是锡矿的重要分布区域。云南省的铜矿储量在全国排名第三,主要分布在昆明、楚雄、大理等地。

非金属矿产资源:该类资源主要包括磷矿、钛铁矿、硅灰石、作为水泥配料的砂岩及硅藻土等。云南省的磷矿资源极为丰富,是该省重要的非金属矿产资源之一。

稀有、稀土及分散元素矿产资源:该类资源主要包括铟、铊、锗、稀土类矿产等。

能源矿产资源:云南省的能源矿产资源以煤、石油、天然气为主。其中,煤炭资源因其地理位置的优势,成为该省重点开发和利用的对象。这些煤炭资源主要分布在曲靖市、昭通市及红河州等地区。

2. 主要资源储量

云南有 82 种矿产的资源储量在全国排名前十,更有 31 种矿产的资源储量位列全国前三。特别地,磷矿、镍矿等资源的储量在全国的排名中占据领先地位。根据全国矿产资源储量的统计数据,具体储量如表3-2所示。

表3-2 云南矿产资源储量

矿产类别	储量/万吨
铜矿	459.82
铅矿	440.81
锌矿	1 027.42
铝土矿	1 705.87
锡矿	35.99
煤矿	671 300.00
铁矿石	51 700.00
锰矿	2 668.83
镍矿	19.78
磷矿	133 500.00

3. 资源型地区数量

《全国资源型城市可持续发展规划(2013—2020年)》显示,云南省内资源型地区涵盖曲靖市、保山市、昭通市、丽江市、普洱市、临沧市和楚雄彝族自治州七个地级行政区域,以及安宁市、个旧市、开远市三个县级市。此外,还包括晋宁县、易门县、新平彝族傣族自治县、兰坪白族普米族自治县、香格里拉县、马关县六个县(自治县),以及东川区一个市辖区,共计十七个市(区)。本研究将对云南省资源型地区的资源类型及其储量进行详细分析。❶

①曲靖市位于云南省东部,拥有丰富的植被和动物种类,以及多种矿产资源,包括煤炭、磷矿等。其中,煤炭资源主要分布在滇东北地区,是云南省主要的能源供应基地之一。

❶ *表示该地区为森林工业城市。

②保山市地处横断山脉南段,西部与缅甸高原接壤。该地区气候多样,生物资源丰富,尤其是植物资源方面,拥有大面积的亚热带常绿阔叶林覆盖。此外,保山市还蕴藏着丰富的矿产资源,如钽、铍、锆英石等,其中多种矿产的储量在云南省内位列前茅。

③昭通市矿产资源丰富,迄今为止已发现矿种共计33种,其中金属矿产有铁、钛、铜、铅、锌等17种。此外,昭通市还是云烟的主产地之一,同时是中国南方优质苹果的生产基地和全国品质上乘的野生天麻的核心产区。

④丽江市位于青藏高原东南缘,位于滇西北高原地带,金沙江中游流域。以旅游资源和林业资源为主,是云南省重点林区之一。同时,还拥有丰富的水资源和动植物资源。

⑤普洱市坐落于澜沧江流域,与越南、老挝、缅甸等国接壤。该市作为中国茶叶生产的重要基地之一,享有茶叶资源的丰富储备。除此之外,普洱市还具备充沛的水资源和矿产资源,包括黄金、铁矿石、镍等金属矿藏。

⑥临沧市位于澜沧江与怒江流域的交汇地带。该地区以水电资源和生物资源的富集而著称,其中尤以茶叶和中药材资源最为显著。

⑦楚雄彝族自治州位于云南省中部,蕴藏着铜、铁、铅、锌等多种矿产资源,同时也拥有丰富的生物资源和农业资源。

上述资源型地区在相关资源产业的发展上,不仅为当地经济增长注入了活力,也为全国乃至全球市场提供了多样化的产品和服务。随着云南省对资源型产业的持续投入和创新,预期未来这些地区将在经济发展和生态保护方面展现出更大的潜力和价值。

4. 非金属矿物制品业发展状况

(1)工业销售产值

如图3-26(a)所示,2010—2016年,云南非金属矿物制品业工业销售产值整体呈逐步增长趋势。具体分析,该行业工业销售产值从2010年的200多亿元增长到2016年的500多亿元,增速较为平稳,这表明云南非金属矿物制品业工业销售状况呈相对稳定态势。

(2)资产规模

如图3-26(b)所示,2010—2020年,云南非金属矿物制品业资产规模整体呈稳定增长趋势。具体分析,该行业资产规模从2010年的约400亿元增长至2020年的1 000多亿元,增长了1倍多,这表明云南非金属矿物制品业的资产规模正经历持续的增长态势。

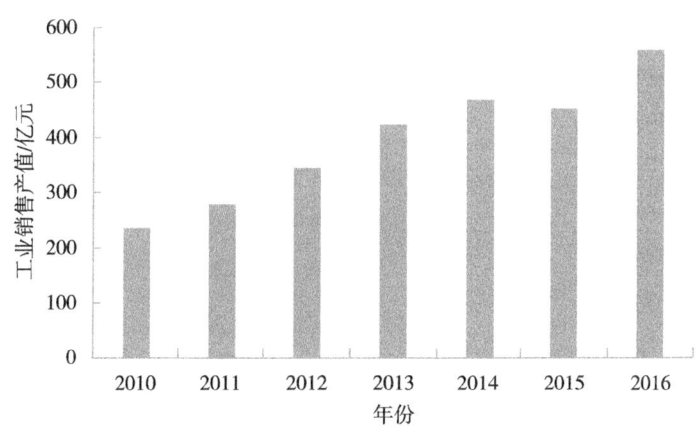

(a)工业销售产值

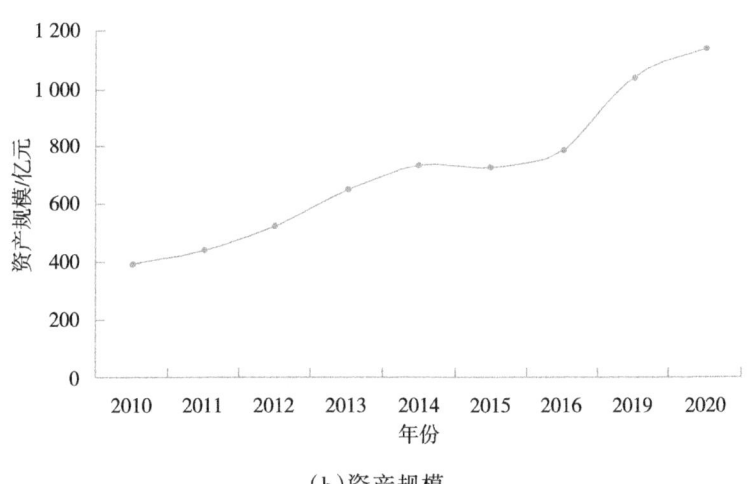

(b)资产规模

图3-26 云南非金属矿物制品业工业销售产值与资产规模

(3) 利润总额

如图3-27(a)所示,2010—2020年,云南非金属矿物制品业利润总额增长趋势初显不显著,继而呈加速增长态势。具体分析,2010—2015年,利润总额在20亿元左右波动;2015—2019年,利润总额实现了快速增长,从10亿元左右增长至120亿元左右,但在2019—2020年利润总额呈下降趋势。

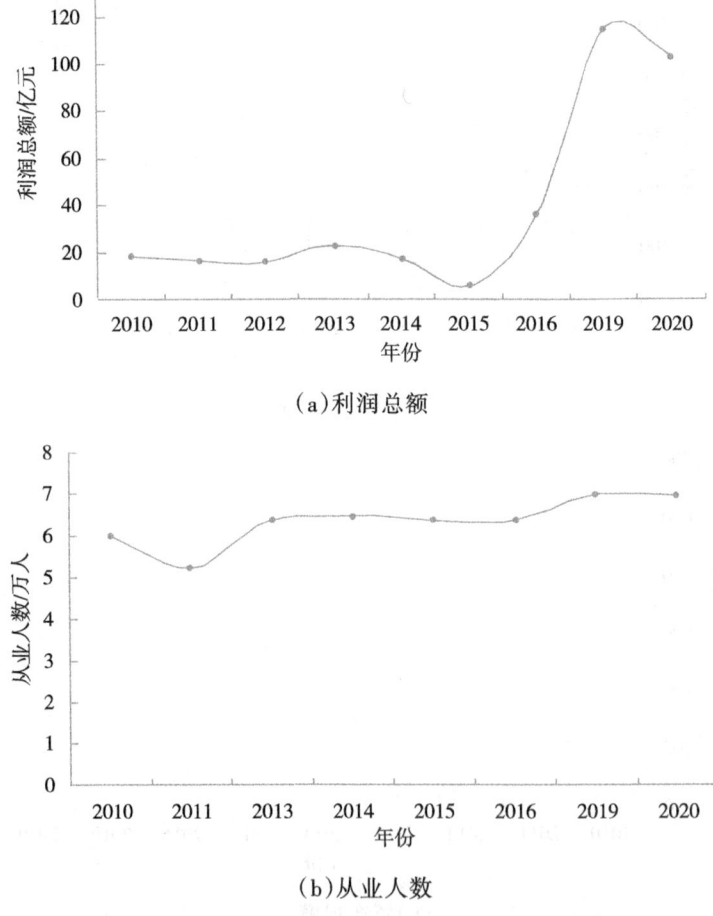

(a) 利润总额

(b) 从业人数

图3-27 云南非金属矿物制品业利润总额与从业人数

(4)从业人数

如图3-27(b)所示,2010—2020年,云南非金属矿物制品业从业人数整体呈稳定状态,年均从业人数稳定在6万人左右,这表明云南非金属矿物制品业就业规模相对稳定。

5. 化学工业发展状况

(1)工业销售产值

如图3-28(a)所示,2010—2016年,云南化学工业工业销售产值增长态势不明显,大部分年份的工业销售产值保持在700亿元左右,这表明云南化学工业工业销售的增长势头相对较弱。

(2)资产规模

如图3-28(b)所示,2010—2020年,云南化学工业资产规模呈倒"V"形变化趋势。具体分析,2010—2015年,该行业资产规模增长较快,但2016年起,资产规模呈下降态势,这表明云南化学工业的发展历程呈现出先扩张后收缩的态势。

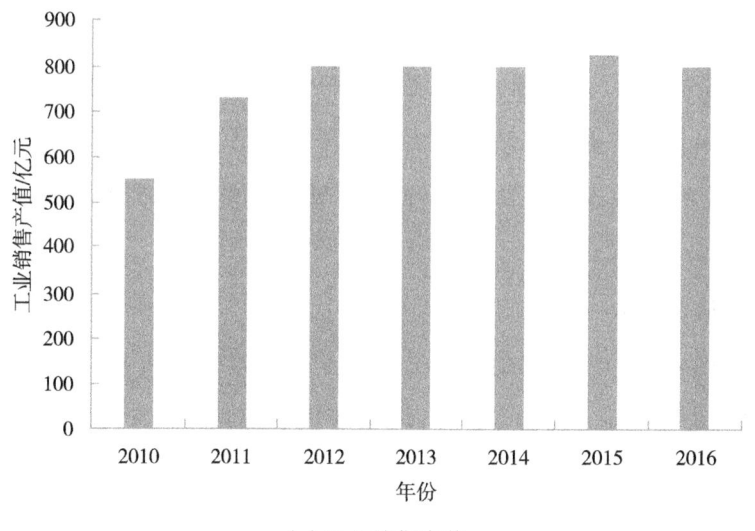

(a)工业销售产值

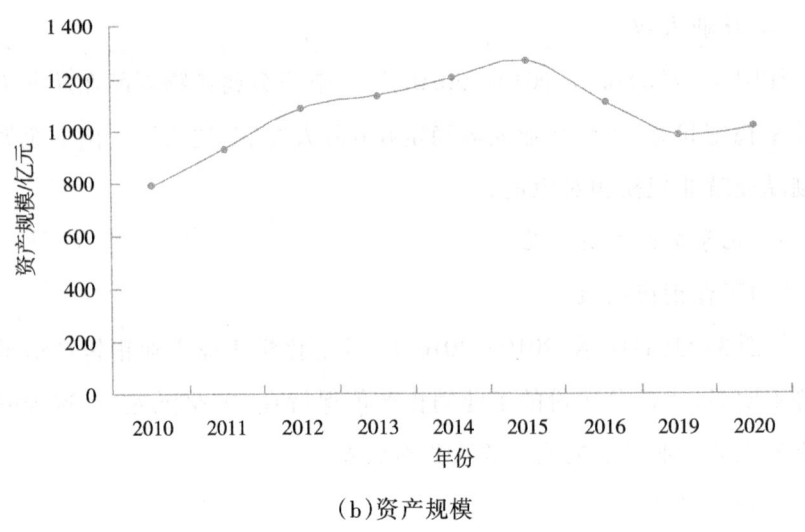

(b)资产规模

图 3-28 云南化学工业工业销售产值与资产规模

(3)利润总额

如图 3-29(a)所示,2010—2020 年,云南化学工业利润总额表现出较大幅度波动。具体分析,2010—2016 年,利润总额的下降幅度较为明显,从 2010 年的 40 亿元左右下降至 2016 年的 -170 亿元左右。尤其是 2015 年与 2016 年,该行业出现亏损,之后利润总额开始逐步回升。综合分析表明,云南化学工业的经济绩效表现欠佳,因此,探索提升云南化学工业经济绩效的有效途径,成为该省资源型产业发展所面临的关键现实挑战。

(4)从业人数

如图 3-29(b)所示,2010—2020 年,云南化学工业从业人数总体呈下降趋势。具体分析,2010—2014 年,从业人数保持在 7 万人左右;2014 年起,从业人数呈现逐渐显著的下降趋势,此现象与云南化学工业整体经济效益不佳状况密切相关。

第3章 西南地区经济及资源型产业发展的基本现状

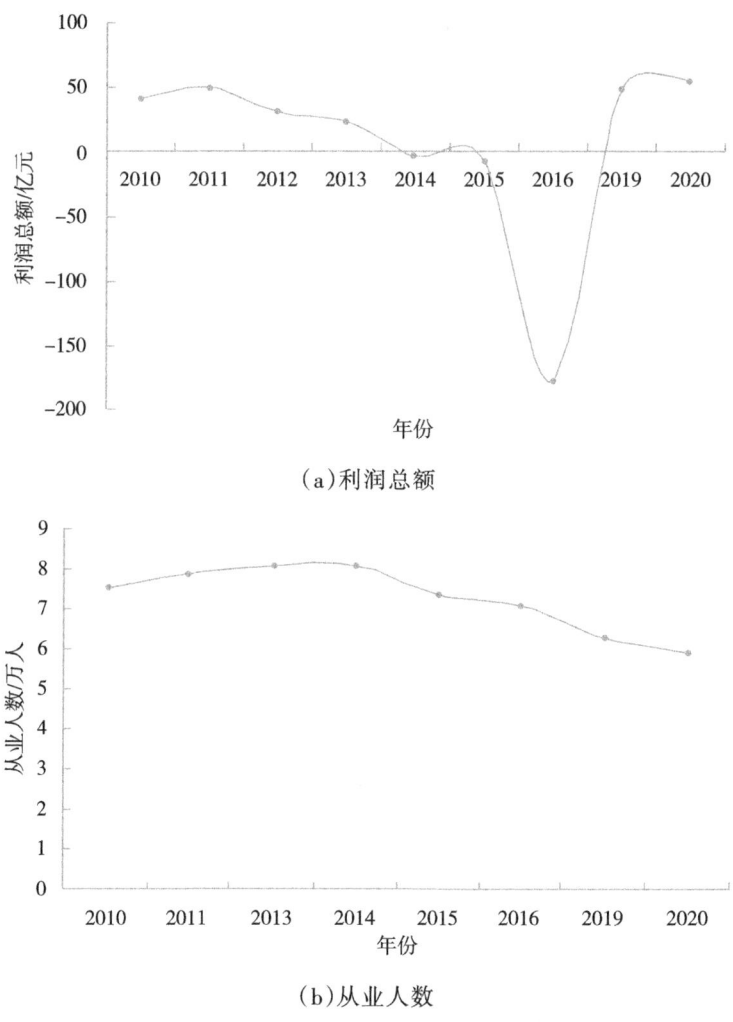

(a)利润总额

(b)从业人数

图3-29 云南化学工业利润总额与从业人数

6. 金属冶炼及压延加工业发展状况

（1）工业销售产值

如图3-30(a)所示，2010—2016年，云南金属冶炼及压延加工业工业销售产值总体呈先增长后下降趋势。具体分析，2010—2013年，为工业销售产值增长阶段，从2010年的1 500多亿元增长到2013年的2 500多亿元，但2015—2016年该行业工业销售产值呈现下降态势。因此，探讨加速实现云南金属冶炼与压延加工业产品市场价值提升的有效途径,成为该行业亟待解决的关键现实问题。

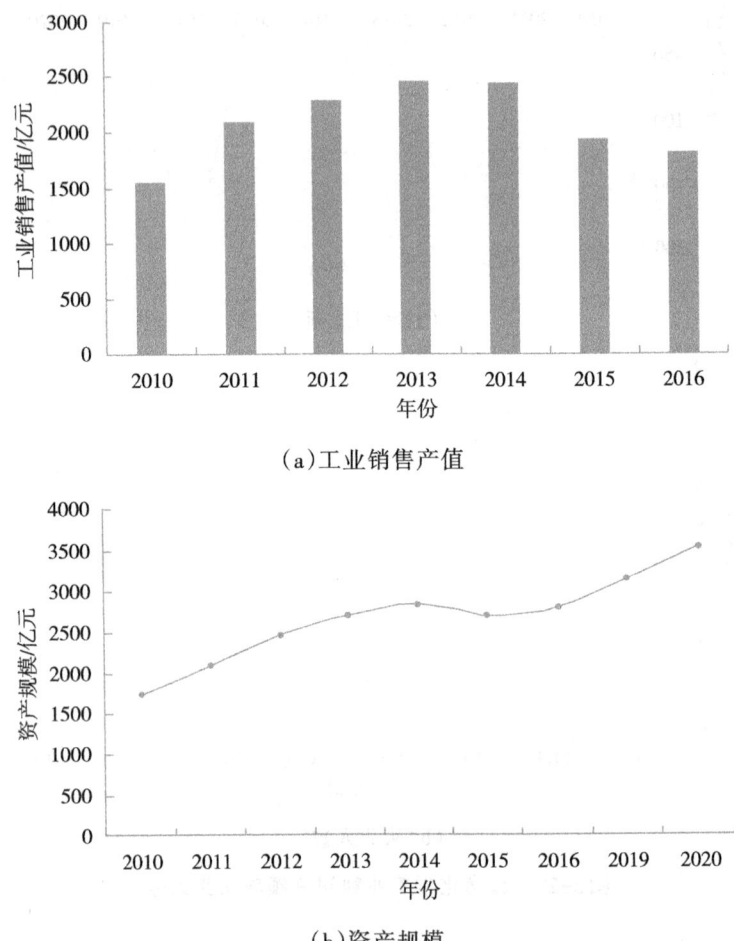

(a)工业销售产值

(b)资产规模

图3-30 云南金属冶炼及压延加工业工业销售产值与资产规模

(2)资产规模

如图3-30(b)所示,2010—2020年,云南金属冶炼及压延加工业资产规模呈快速增长势头,从2010年的1 500多亿元增长至2020年的3 500多亿元,这表明云南金属冶炼与压延加工业的投资规模已呈现出增长趋势。云南金属冶炼及压延加工业在资产规模增长的同时,必须深入考量如何平衡规模增长与市场需求之间的相互作用。

(3)利润总额

如图3-31(a)所示,2010—2020年,云南金属冶炼及压延加工业利润总额呈"V"形变化态势。具体分析,2010—2015年,利润总额总体上呈下降趋势,从2010年的100亿元左右急剧减少至2015年的-70亿元左右,而在2015—2020年利润总额又呈快速增长态势,这表明在经历一段时期的调整期后,云南金属冶炼与压延加工业的经济效益逐渐呈现改善趋势。

(4)从业人数

如图3-31(b)所示,2010—2020年,云南金属冶炼与压延加工业从业人员数量总体呈平稳递减趋势。具体分析,2010—2013年,从业人数基本保持在17万人左右,但自2013—2020年起,从业人数呈明显下降趋势。结合云南金属冶炼及压延加工业的利润状况进行分析,可以推断出该行业劳动生产率呈上升趋势。

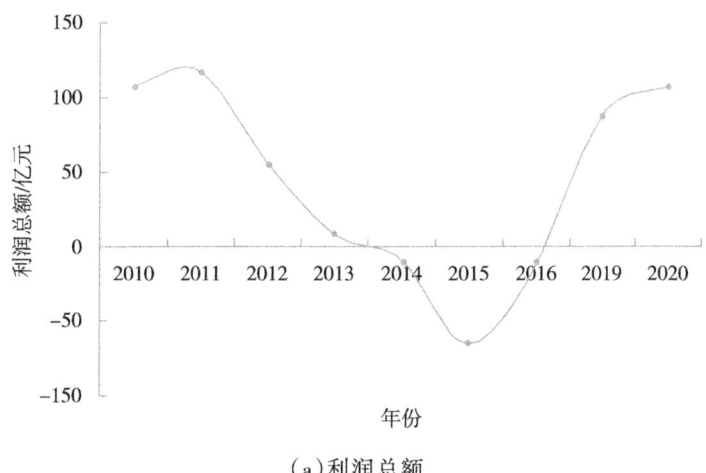

(a)利润总额

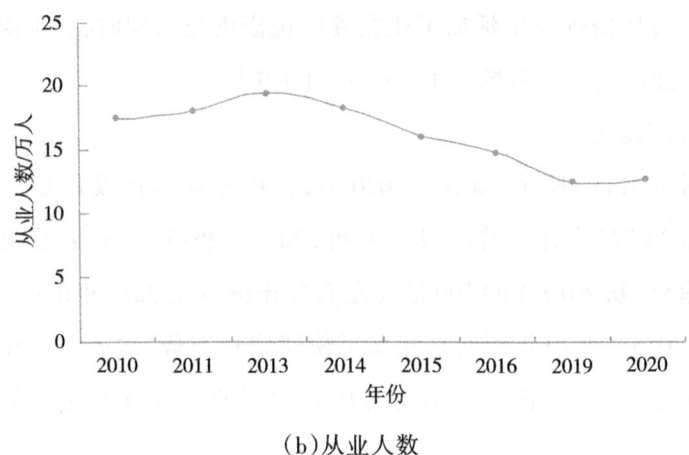

(b)从业人数

图3-31 云南金属冶炼及压延加工业利润总额与从业人数

7. 金属制品业发展状况

(1)工业销售产值

如图3-32(a)所示,2010—2016年,云南金属制品业工业销售产值虽有波动,但总体呈增长趋势,从2010年的40多亿元增长到2016年的130多亿元,这表明云南金属制品业实现了相对稳定的增长态势。

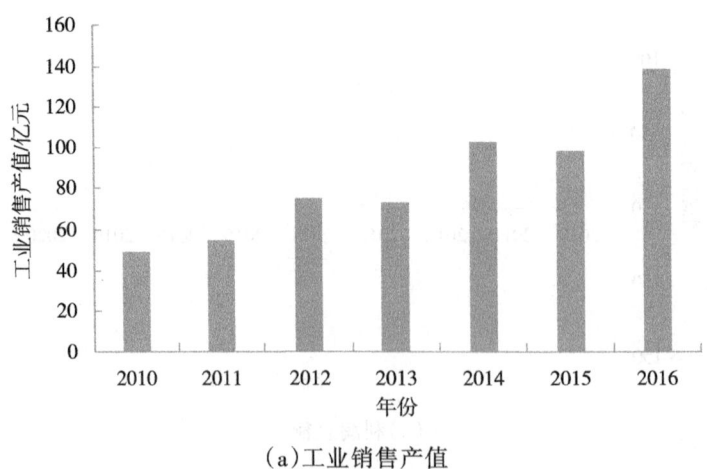

(a)工业销售产值

第3章　西南地区经济及资源型产业发展的基本现状

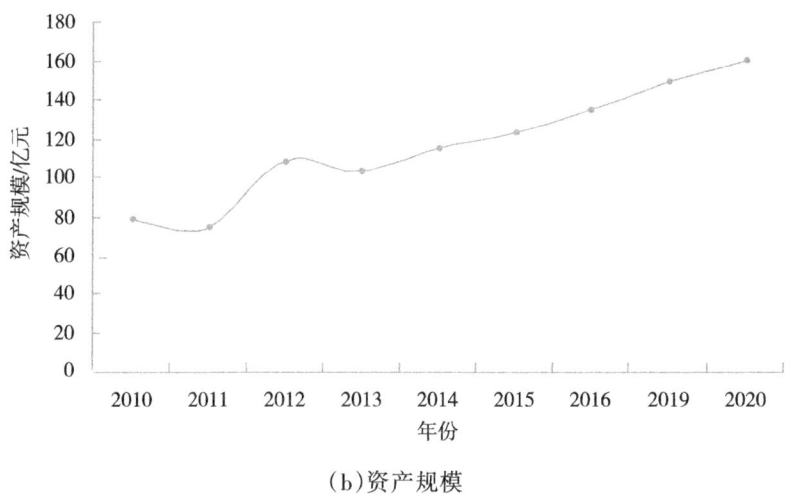

(b) 资产规模

图 3-32　云南金属制品业工业销售产值与资产规模

(2) 资产规模

如图 3-32(b) 所示,2010—2020 年,云南金属制品业资产规模呈现快速增长态势,从 2010 年的 70 多亿元增长至 2020 年的 160 多亿元,增长了 1 倍多,这表明云南省金属制品业的资产规模正经历持续增长。

(3) 利润总额

如图 3-33(a) 所示,2010—2020 年,云南金属制品业利润总额呈"中间波动—两头增长"的发展态势。具体分析,2010—2014 年,利润总额整体呈增长趋势,从 2010 年的 2 亿元左右增长至 2014 年的 5 亿元左右。然而,2015—2019 年,云南金属制品业利润总额呈下降趋势,直至 2020 年该指标才重新呈现增长态势。综合分析,该行业经济效益总体上呈现出稳定的增长趋势。

(4) 从业人数

如图 3-33(b) 所示,2010—2020 年,云南金属制品业从业人数呈稳定增长态势,从业人数维持在年均约 1.2 万人的水平。这说明云南金属制品行业在促进就业方面实现了较为突出的社会效益。

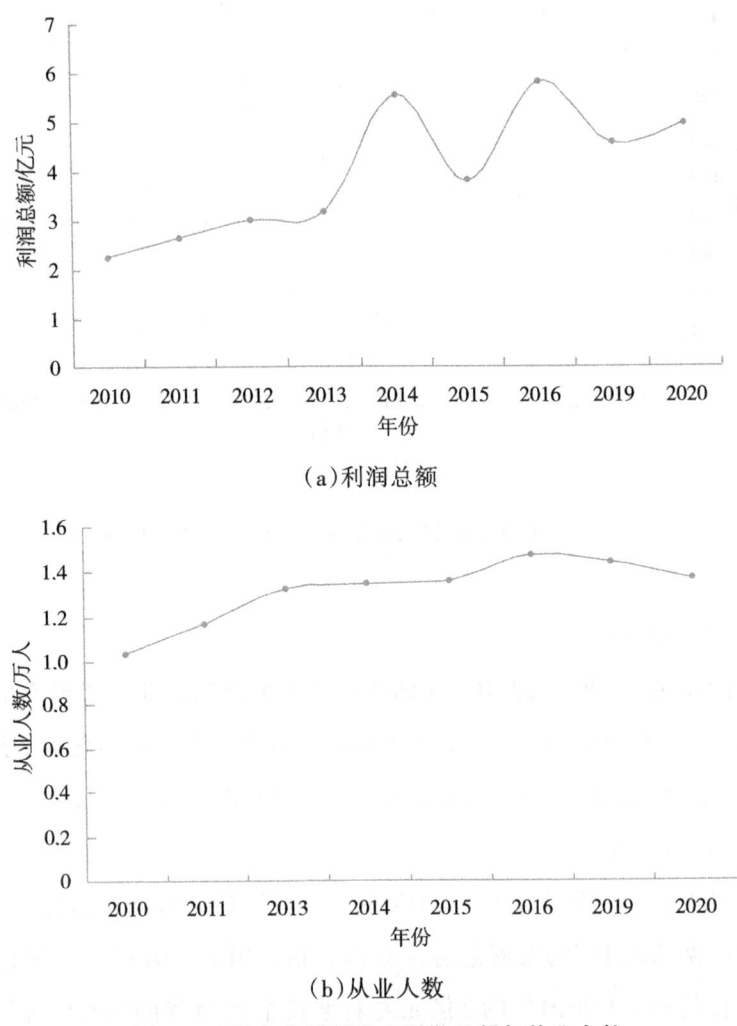

(a)利润总额

(b)从业人数

图3-33 云南金属制品业利润总额与从业人数

3.4.3 贵州

1. 主要资源类型与储量

贵州省地处中国西南部,以壮丽的自然景观和多元的民族文化闻名遐迩,同时也是中国矿产资源的重要产地。该省蕴藏着种类繁多、储量巨大的矿产资源,这些资源对中国的经济建设与工业发展具有不可或缺的作用。主要矿产资源包括煤炭、磷矿、锰矿、金矿及其他多种矿产资源。

①煤炭资源:贵州省以丰富的煤炭资源著称,被誉为"江南煤海"。该省煤炭资源的储量高达542.28亿吨,占全国总储量的5%,在全国排名第五。其储量在西南地区占据61%的比重。此外,贵州的煤层气资源也极为丰富,位居全国第四,凸显了其在能源领域的显著地位。

②磷矿资源:贵州省是中国磷矿资源的重要产地,也是全球磷矿资源富集的区域之一。以福泉市为例,该地区探明的磷矿储量超过40亿吨,占贵州省磷矿储量的77.8%,为磷化工产业的发展提供了坚实基础,并为农业生产提供了关键的磷肥资源。

③锰矿资源:渝、湘、黔三省交界地带被誉为中国的锰业"金三角",铜仁市位于该地带,已探明的锰矿石资源储量超过7亿吨,居亚洲首位。

④金矿资源:黔西南地区因富含金矿资源而被中国黄金协会冠以"中国金州"之名。该地区的金矿资源为中国的黄金产业发展提供了坚实的基础。

⑤其他矿产资源:除上述主要矿产外,贵州省还蕴藏着丰富的其他矿产资源。目前,已发现的矿产种类超过110种,其中76种矿产的储量已得到不同程度的探明。在这76种矿产中,有42种矿产的保有储量在全国排名前十位,更有22种矿产的储量位列全国前三。例如,贵州省的重晶石储量占全国总储量的1/3,铝土矿的保有储量高达3.96亿吨,位居全国第二。此外,汞、锑、硫铁矿和水泥原料等矿产在全国范围内亦具有显著的优势地位。

综上所述,贵州省的矿产资源在数量、质量和多样性方面均表现出显著优势。这些资源的开发与利用对于推动当地乃至全国的经济发展具有深远的意义。随着技术进步和市场需求的演变,贵州省在资源型产业的发展上展现出巨大的潜力和广阔的前景。

2. 资源型地区数量

根据《全国资源型城市可持续发展规划(2013—2020年)》,贵州省的资源型地区涵盖了六盘水市、安顺市、毕节市、黔南布依族苗族自治州（以下简称黔南州）及黔西南州五个地级行政区域，还包括清镇市这一县级市，以及开阳县、修文县、遵义市、松桃苗族自治县四个县（市），连同万山区这一市辖区，共计十一个市（区）。本研究将对贵州省资源型地区的资源种类及其储量进行详细阐述。

六盘水市位于云贵两省的交界地带，是西电东送的关键城市，同时也是西南乃至华南地区能源原材料工业的重要基地。该市矿产资源极为丰富，种类多达三十余种，包括煤、铁、铅、锌、铜、银、金、石灰石、重晶石、大理石、冰洲石等。其中，煤炭资源的远景储量高达844亿吨，已探明储量为180亿吨，占全省总量的三分之一；炼焦煤的保有储量为95亿吨，占全省的88.2%，相当于七个省（市）❶炼焦煤储量的总和；此外，煤层气和浅层天然气的储量达到1万亿立方米，因此六盘水市被誉为"江南煤都"和"西南煤海"，并跻身于全国十大煤炭基地之列。

②安顺市地处贵州省中部偏西，该地区矿产资源种类繁多，涵盖了煤炭、铅锌矿、铝土矿、锑矿、金矿等多种矿产。其中，煤炭资源尤为突出，成为支撑"西电东送"战略工程的关键能源矿产。

③毕节市位于川、滇、黔、渝四省（市）的交汇地带，是该区域内的区域性中心城市，同时也是一处以资源开发为特色的典型城市。该市矿产资源丰富，主要包括煤炭、铁矿、铅锌矿、硫磺、黏土、高岭土等。特别是煤炭资源储量，在贵州省中占据首位。

④黔南州位于贵州省中部偏南，已探明的矿产资源种类超过30种，主要包括磷矿、煤炭、铁矿、汞矿等。其中，磷矿储量在亚洲范围内位居首位。黔南州独山县半坡地区的锑矿储量在贵州省中排名第一。

⑤黔西南州的矿产资源种类包括煤炭、金矿、锑矿、铊铝、石膏、白云石、钼矿、冰洲石等。该州煤炭资源的已探明储量达到75.28亿吨，远景

---

❶ 7省（市）包括上海、江苏、浙江、安徽、江西、湖北和湖南。

第3章 西南地区经济及资源型产业发展的基本现状

储量超过190亿吨;金矿资源已探明储量约500吨,远景储量超过1000吨。

⑥清镇市的矿产资源以铝土矿为主。该市猫场矿区的面积约为80平方千米,远景储量达到2.1亿吨,是中国目前所知最大的连片铝土矿区。

⑦万山区的资源类型主要包括汞矿、钾矿、锰矿、钒矿、钼矿、铜矿、锌矿、大理石、磷矿、重晶石等。其中,钾矿远景储量高达50亿吨,磷矿储量为7000万吨,锰矿储量超过1500万吨,汞矿储量为88.95万吨,重晶石储量为218.8万吨。

3. 非金属矿物制品业发展状况

(1)工业销售产值

由图3-34(a)可以看出,2010—2016年,贵州非金属矿物制品业的工业销售产值总体呈现出持续增长的趋势,从2010年的180多亿元增长到2016年的1200多亿元,增长了5倍多。非金属矿物制品业的工业销售产值基数明显高于该省其他资源型行业,表明贵州非金属矿物制品业增速较快,在贵州资源型产业发展过程中具有重要地位。

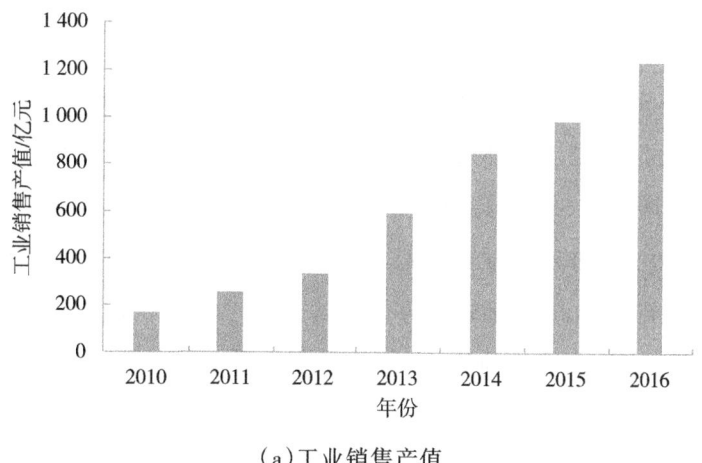

(a)工业销售产值

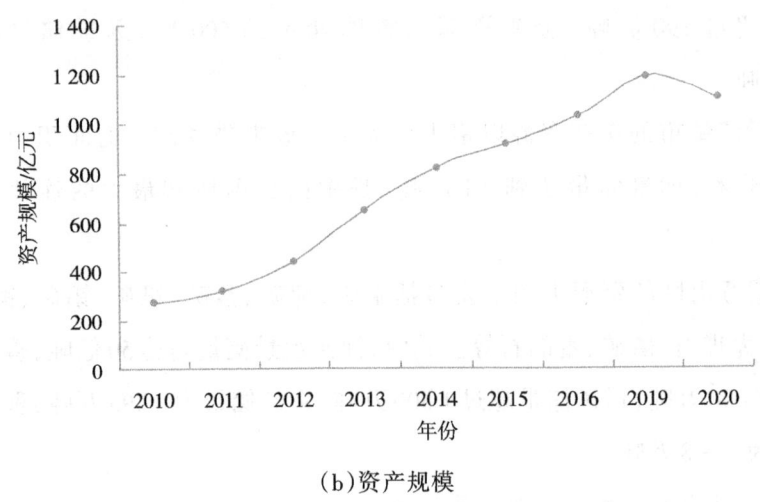

(b)资产规模

图3-34 贵州非金属矿物制品业工业销售产值与资产规模

(2)资产规模

从图3-34(b)中可以看出,2010—2020年,贵州非金属矿物制品业的资产规模总体呈现出持续增长的趋势。整体来看,贵州非金属矿物制品业的资产规模从2010年的200多亿元增长至2019年的1 100多亿元,但在2019—2020年资产规模呈现减少趋势,充分说明贵州非金属矿物制品业规模效应显著。

(3)利润总额

如图3-35(a)所示,2010—2020年,贵州非金属矿物制品业利润总额增长呈显著波动性。具体分析,2010—2013年,利润总额呈增长态势,从4亿元左右增长到55亿元,增长速度较快,但2014年下降至30多亿元;尽管2015—2016年非金属矿物制品业实现了显著的利润增长,然而2019—2020年,该行业利润总额却遭遇了显著下滑。因此,探索非金属矿物制品业经济效益稳定增长的策略,成为贵州资源型业亟待解决的关键问题之一。

(4)从业人数

如图3-35(b)所示,2010—2020年,贵州非金属矿物制品业从业人数展现出先增长后趋于稳定的演变态势,总体波动幅度在5万~9万人。具体分析,该行业从业人数自2010年的5万余人增长至2016年的8万余人;2019—2020年,尽管出现了轻微下降趋势,但降幅相对有限。

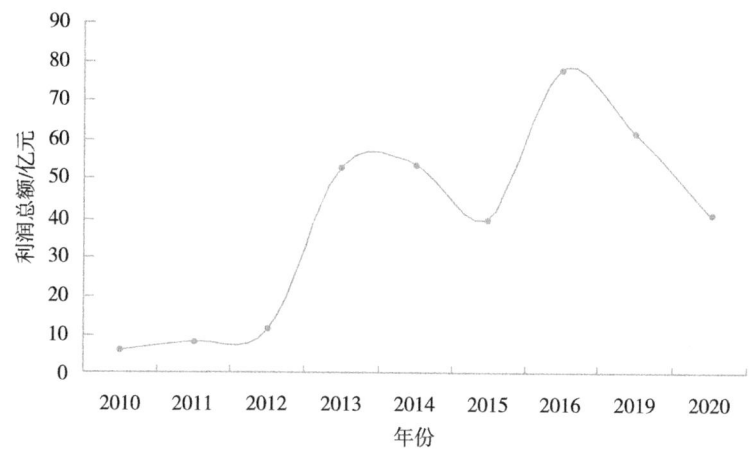

(a)利润总额

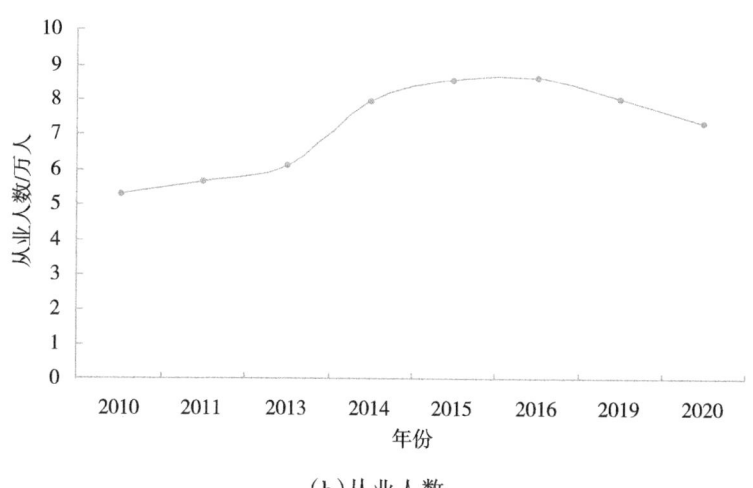

(b)从业人数

图3-35 贵州非金属矿物制品业利润总额与从业人数

4. 化学工业发展状况

（1）工业销售产值

如图3-36(a)所示，2010—2016年，贵州化学工业工业销售产值总体呈稳定增长趋势，从2010年的300多亿元增长到2016年的800多亿元，增长了1倍多，这表明贵州化学工业领域市场需求的旺盛态势，以及产业经济效益的相对优越性。

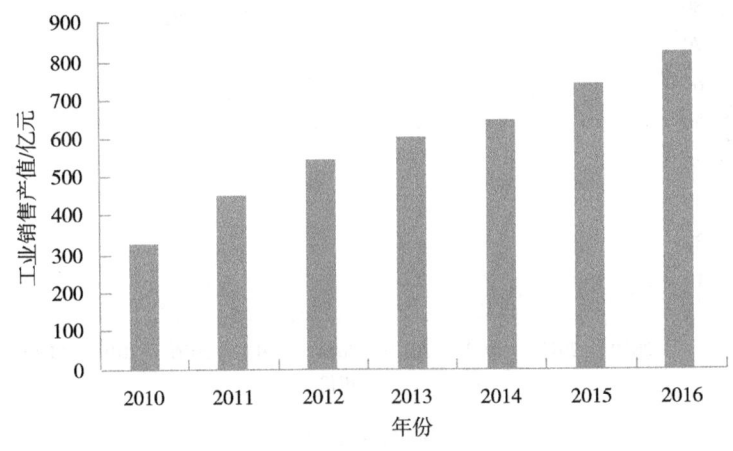

(a) 工业销售产值

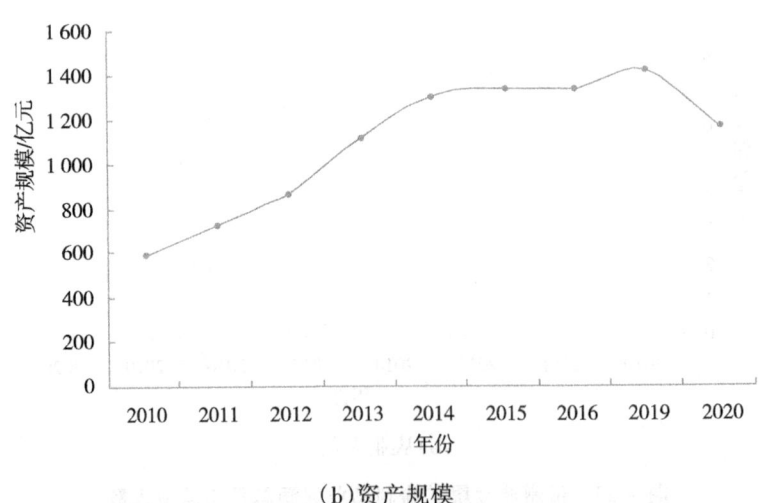

(b) 资产规模

图3-36 贵州化学工业工业销售产值与资产规模

(2) 资产规模

如图 3-36(b)所示,2010—2020 年,贵州化学工业资产规模呈先增长再下降的变化特征。总体来看,从 2010 年的 500 多亿元增长至 2019 年的 1 400 多亿元,增长了近 900 亿元。其中,2010—2019 年,资产规模增长较快,但 2019—2020 年资产规模有所减少,这表明贵州化学工业资产规模扩张速度有所放缓。

(3) 利润总额

如图 3-37(a)所示,2010—2020 年,贵州化学工业利润总额波动幅度较大。具体分析,2010—2014 年,利润总额从 18 亿元左右减少到 13 亿元;2014—2016 年,利润总额又增长到 40 多亿元;但 2015—2019 年呈急剧下降态势,2019 年的利润总额呈现出负增长态势。以上分析表明,贵州化学工业的经济效益较低且发展的持续性有待提高。

(4) 从业人数

如图 3-37(b)所示,2010—2020 年,贵州化学工业从业人数总体呈减少趋势,波动范围在 3 万~6 万人。具体分析,2010—2014 年年均从业人数为 5 万人左右,且变化幅度较小,但从 2014—2020 年从业人数明显下降,这表明贵州化学工业在吸纳就业方面的效应尚未得到充分展现。

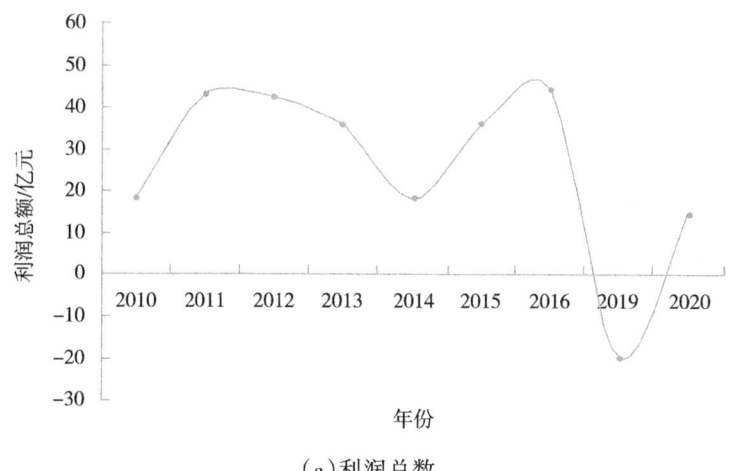

(a)利润总数

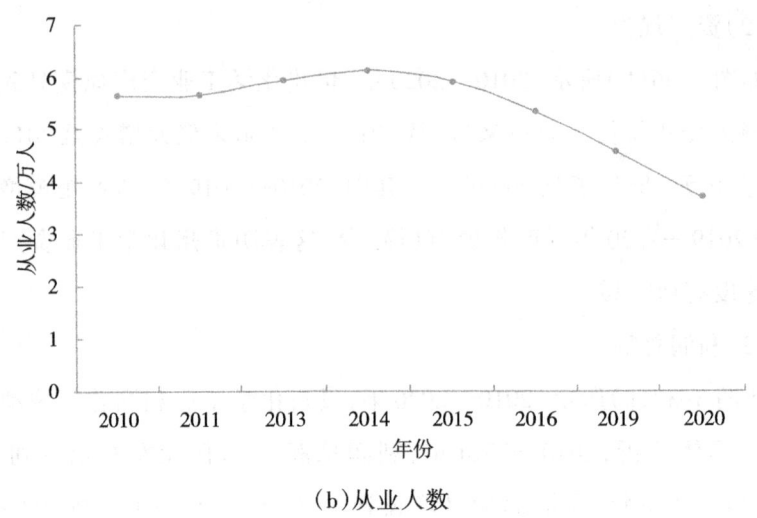

(b)从业人数

图3-37 贵州化学工业利润总额与从业人数

5. 金属冶炼及压延加工业发展状况

(1)工业销售产值

如图3-38(a)所示,2010—2016年,贵州金属冶炼及压延加工业工业销售产值呈稳定增长趋势,工业销售产值由2010年的600多亿元增长到2016年的1 100多亿元,增长了近1倍,这表明贵州金属冶炼及压延加工业发展较为平稳。

(2)资产规模

如图3-38(b)所示,2010—2020年,贵州金属冶炼及压延加工业资产规模总体呈上升态势,年均维持在900亿元左右的水平。具体分析,资产规模由2010年的500多亿元增长至2013年的900多亿元,增速较快,这表明贵州金属冶炼与压延加工业的资产规模正经历持续的增长与扩张。

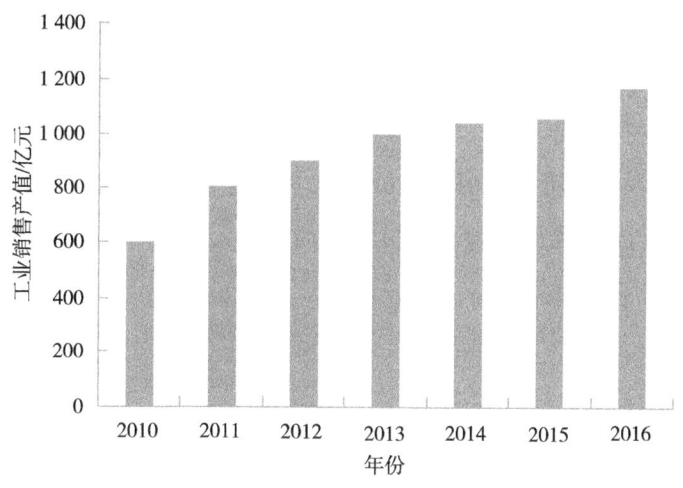

(a)工业销售产值

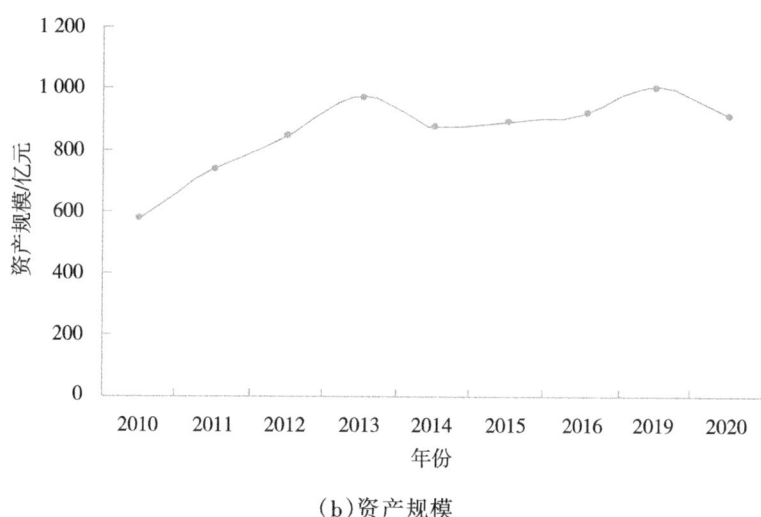

(b)资产规模

图3-38 贵州省金属冶炼及压延加工业工业销售产值与资产规模

(3)利润总额

如图3-39(a)所示,2010—2020年,贵州金属冶炼及压延加工业利润总额呈现出三个阶段的变化趋势。2010—2012年,该行业的利润总额从约10亿元增长至超过27亿元;2013—2014年,利润总额经历了显著下降,降至仅3亿元;2015—2020年,行业利润逐步回升,反映出贵州金属冶炼及压延加工业的经济效益有所提升。然而,如何进一步促进该行业的稳定发展,成为其面临的关键挑战。

(4)从业人数

如图3-39(b)所示,2010—2020年,贵州金属冶炼及压延加工业从业人数总体呈持续减少趋势,从2010年的9万人左右,下降到2020年的4万人左右,下降幅度较大。

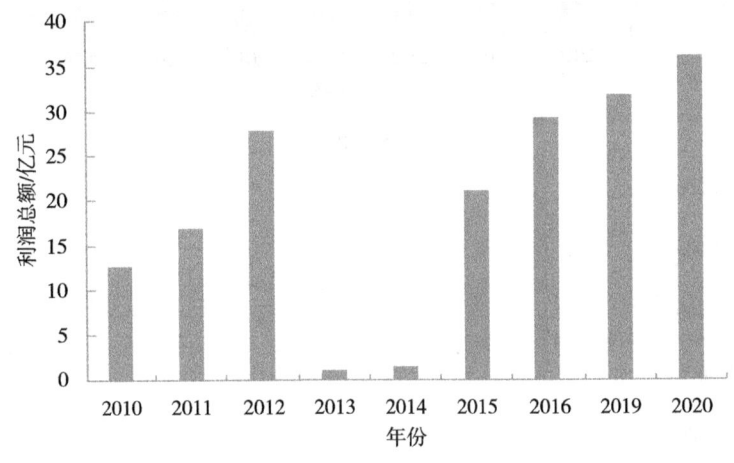

(a)利润总额

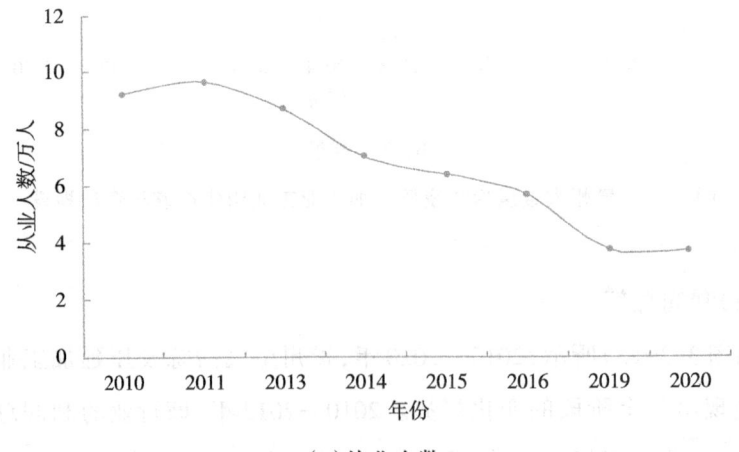

(b)从业人数

图3-39 贵州金属冶炼及压延加工业利润总额与从业人数

6. 金属制品业发展状况

(1) 工业销售产值

如图3-40(a)中所示,2010—2016年,贵州金属制品业工业销售产值总体呈稳定增长趋势,工业销售产值从2010年的40多亿元增长到2016年的200多亿元,增长了3倍多,这表明贵州金属制品业取得了快速发展,开拓市场的能力进一步增强。

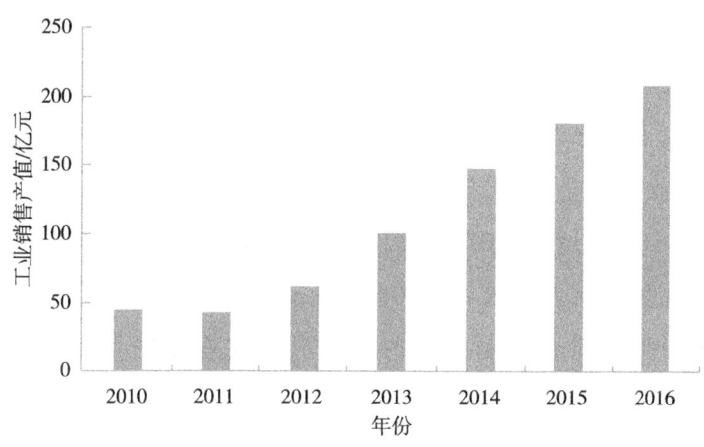

(a) 工业销售产值

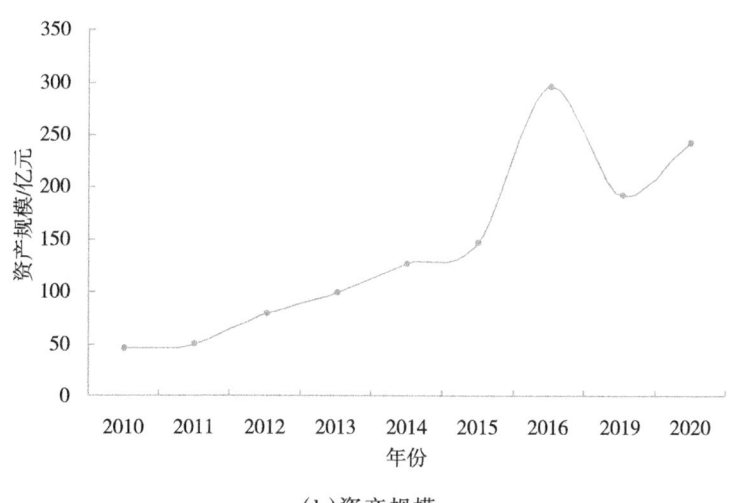

(b) 资产规模

图3-40 贵州金属制品业工业销售产值与资产规模

(2)资产规模

如图3-40(b)所示,2010—2020年,贵州金属制品业资产规模呈较快增长势头。具体分析,资产规模由2010年的50多亿元增长至2016年的280多亿元,增长速度较快,这说明贵州金属制品业投资规模在不断扩大。

(3)利润总额

如图3-41(a)所示,2010—2020年,贵州金属制品业利润总额呈增长趋势。具体分析,2010—2019年,该产业的利润总额持续增长,由2010年的1亿元左右增至2019年的13亿元左右。然而,至2020年,利润总额出现下降趋势。这表明外部环境的变动在一定程度上对金属制品业的经济效益产生了影响。

(4)从业人数

如图3-41(b)所示,2010—2020年,贵州金属制品业从业人数总体呈缓慢增长态势。从业人数从2010年的1.5万人左右增长到2016年的近2万人,这表明贵州金属制品业的发展对于就业促进具有显著的正面效应。

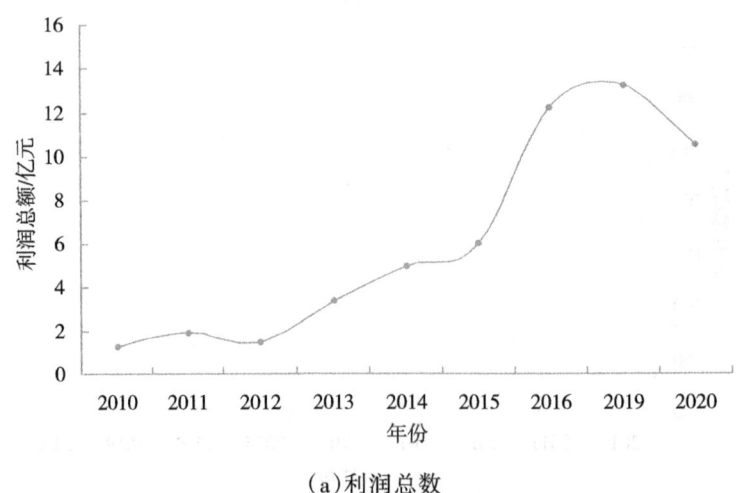

(a)利润总数

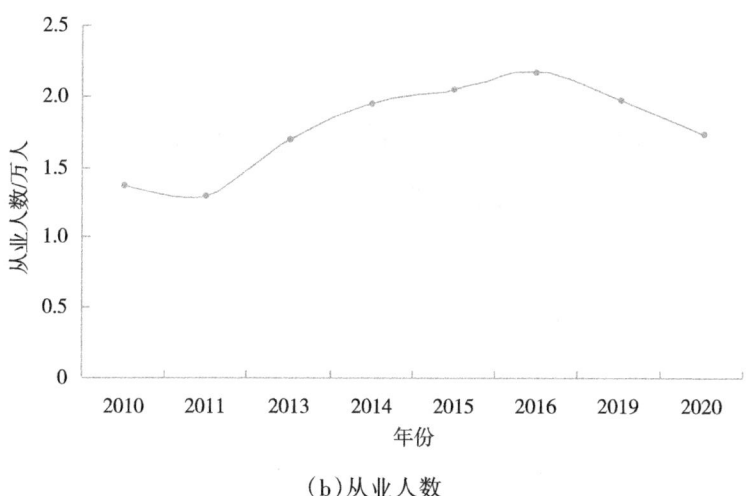

(b)从业人数

图 3-41　贵州金属制品业利润总额与从业人数

第4章 西南地区资源型产业低端锁定的评价

4.1 评价指标

本部分依据第2章构建的测度低端锁定的指标体系,对西南地区资源型产业低端锁定程度进行定量评价。评价指标具体包括产业在国内分工中的地位、产业技术创新水平、产业劳动生产率及产业绿色化发展水平。

4.2 评价方法

4.2.1 最终需求距离指数

依据本部分设置的评价低端锁定的指标,在某一资源型产业的整个价值链体系中,越靠近终端(最终需求端),则行业附加值越高,产业分工地位就越高,越不易被锁定在低端环节。反之,越远离终端,则行业附加值越低,产业分工地位就越低,陷入低端锁定的程度也就越深。基于此,为了衡量西南地区资源型产业与最终需求端之间的距离,构造最终需求距离指数,以此反映西南地区资源型产业低端锁定程度,具体计算公式为

$$I = \frac{d}{D}$$

式中,I 表示"最终需求距离指数",d 表示某一细分资源型产业生产的产品被用来最终需求的量,D 表示全国该细分资源型产业生产的产品

被用来计算最终需求的量。I的值越小,则表示越远离最终需求端,陷入低端锁定的程度就越深。

4.2.2 区域对比分析法

为了更深入地揭示西南地区资源型产业面临的低端锁定程度,将其与西部陆海新通道沿线地区进行对比分析,以评价西南地区资源型产业低端锁定程度在区域中的排名及其变化趋势。

4.3 数据来源

依据本部分的研究需要,数据主要来源于2007年、2012年、2017年中国地区投入产出表。中国地区投入产出表一般每5年编制一次,2017年是省级层面公布的最新的中国地区投入产出表,因此本研究的数据时间为2007年、2012年及2017年。资源型产业专利申请数据来源于incoPat专利检索数据库,依据申请人所在省(区、市)及国民经济行业分类标准(GB/T 4754—2017)中的资源型产业代码,在incoPat专利检索数据库中设置相关选项,得到西南地区资源型产业专利申请数据。

计算资源型产业劳动生产率、废气排放量等数据来源于中国工业企业数据库,由于最新的中国工业企业数据库年份为2012年,且学界普遍使用2000—2012年的数据开展相关研究,基于此,本书也选择2000—2012年作为相关研究的时间范围。首先在中国工业企业数据库中筛选广西、云南及贵州三省(区)的工业总产值、从业人数等数据,通过汇总得到广西、云南及贵州三省(区)资源型产业的工业总产值及从业人数数据,用工业总产值除以从业人数得到资源型产业劳动生产率结果。采用同样的方法得到废气排放量数据。

4.4 评价结果分析

4.4.1 低附加值锁定现象依然显著

最终需求数据主要来源于中国地区投入产出表及相关资源型产业的最终使用数据,选取2007年、2012年及2017年三年的中国地区投入产出表进行计算。需要说明的是,在计算最终需求距离指数时,需要用到全国层面资源型产业的相关数据,考虑到数据的可比性,将31个省(区、市)资源型产业生产的产品被用来最终需求的量相加,得到全国层面的资源型产业生产的产品被用来最终需求的量,结果如图4-1所示。

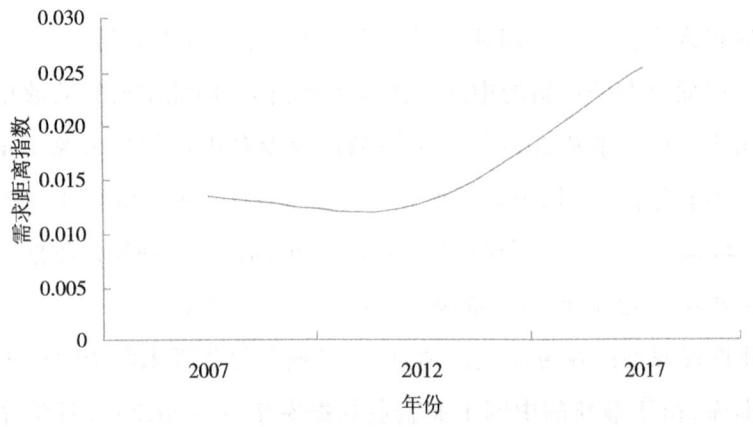

图4-1 西南地区资源型产业最终需求距离指数

数据来源:根据国家统计局国民经济核算司. 中国地区投入产出表(2007)[M]. 北京:中国统计出版社,2011;国家统计局国民经济核算司. 中国地区投入产出表2012[M]. 北京:中国统计出版社,2016;国家统计局国民经济核算司. 中国地区投入产出表2017[M]. 北京:中国统计出版社,数据绘制而得。

从总体上看,西南地区资源型产业最终需求距离指数虽然呈现出增长态势,由2007年的0.013增长到2017年的0.024,表明西南地区资源型产业国内分工地位总体上有所提升,低端锁定程度有所降低,但西南地区资源型产业最终需求距离指数仍处于0.020左右的极低水平,表明西南地区资源型产业整体附加值偏低,产业分工地位低,面临低端锁定的程度仍较深。

从西南地区细分资源型产业来看,不同行业的最终需求距离指数存在一定程度的差异,且绝大多数行业的最终需求距离指数呈现不同程度的上升态势,表明绝大多数行业突破低端锁定的动能在逐步得到强化。可以将西南地区细分资源型产业最终需求距离指数变动趋势划分为低端锁定程度基本稳定型、低端锁定程度减弱型及低端锁定程度增强型三种基本类型(表4-1)。

表4-1 西南地区资源型产业低端锁定程度分类

基本稳定型	增强型	减弱型
食品制造业、化学工业	金属冶炼及压延加工业	煤炭开采和洗选业、金属矿采选业、非金属矿及其他矿采选业、金属制品业

食品制造业、化学工业的最终需求距离指数变动趋势较小,可以归为低端锁定程度基本稳定型,表明该行业在提高产业国内分工地位方面,并没有得到显著改善。煤炭开采和洗选业、金属矿采选业、非金属矿及其他矿采选业、金属制品业四个行业的最终需求距离指数呈现出增长态势(图4-2),可以归为低端锁定程度减弱型,表明这些行业的国内产业分工地位有所提升,突破低端锁定的能力较强。尤其是非金属矿及其他矿采选业的最终需求距离指数呈现快速增长,从2007年的不到0.01增长到2017年的0.07,增长了6倍,充分说明该行业的国内分工地位得到明显提升,面临低端锁定的程度有所降低。金属冶炼及压延加工业的最终需

求距离指数呈现逐年下降的态势,可以归为低端锁定程度增强型。如何突破金属冶炼及压延加工业面临的低端锁定困境,将是西南地区资源型产业突破低端锁定的重要方向。

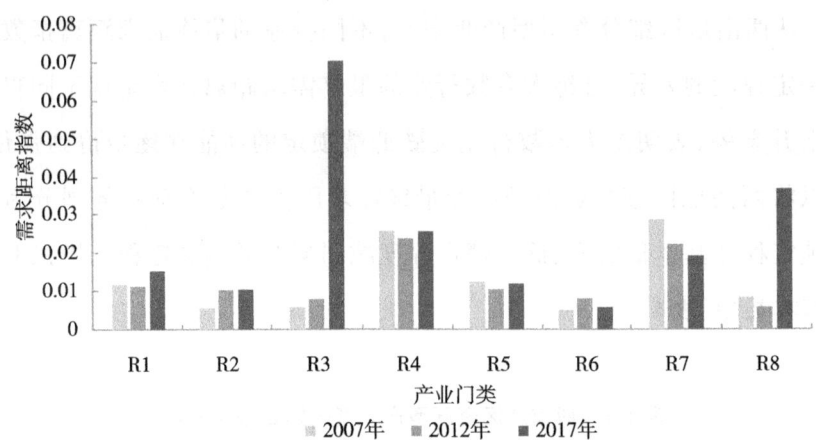

图4-2　西南地区细分资源型产业最终需求距离指数

4.4.2　不同省(区)突破低端锁定的能力存在差异

1. 分省(区)的总体状况

由图4-3可以看出,分省(区)来看,西南地区的广西、云南及贵州资源型产业最终需求距离指数呈现不同的演变趋势。广西与贵州资源型产业最终需求距离指数呈现出先下降再上升的演进趋势,表明两省(区)的资源型产业突破低端锁定困境的能力有所增强。云南的资源型产业最终需求距离指数则表现为先上升再略微下降的演进趋势,表明云南资源型产业突破低端锁定困境的能力有所减弱。总体而言,贵州资源型产业最终需求距离指数的增长速度最快,云南最低,广西居中,表明贵州资源型产业突破低端锁定的能力较强,资源型产业面临的低端锁定程度有所减弱。而云南资源型产业最终需求距离指数一直在三省(区)中处于最低水平,云南资源型产业如何有效突破低端锁定困境是西南地区资源型产业突破低端锁定困境的战略重点。

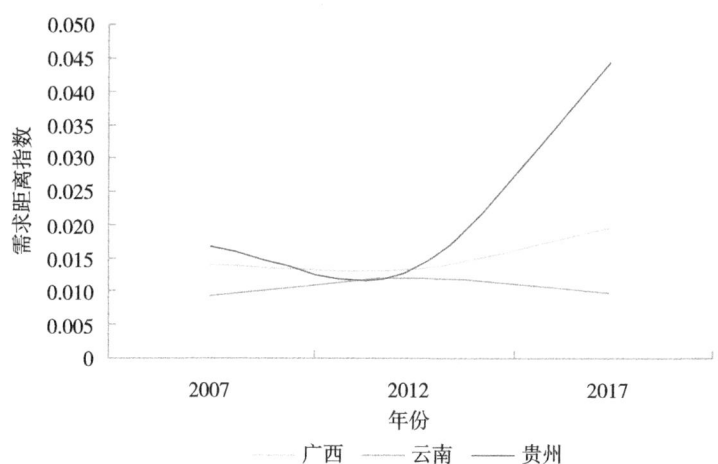

图4-3 2007年、2012年及2017年广西、云南及贵州
资源型产业最终需求距离指数

数据来源：根据2007年、2012年及2017年中国地区投入产出表整理。

从三省（区）资源型产业最终需求距离指数之间的差距来看，经历了差距大—差距较小—差距再次拉大的三阶段演进特征。2007年，三省（区）资源型产业最终需求距离指数差距较大。到了2012年三省（区）的这一指数基本处于同一水平，差距较小。但是，到了2017年，三省（区）资源型产业最终需求距离指数呈现出"喇叭"形的变化趋势，表明三省（区）资源型产业突破低端锁定的能力差距逐步变大。

2. 分省（区）分行业发展状况

（1）煤炭开采和洗选业

由图4-4可以看出，广西、云南与贵州煤炭开采和洗选业的最终需求距离指数存在显著差异。总体而言，贵州煤炭开采和洗选业的最终需求距离指数持续高于广西和云南，表明贵州煤炭开采和洗选业产业分工地位高于广西和云南，突破低端锁定的效果更为明显。云南煤炭开采和洗选业的最终需求距离指数呈现出持续增长的态势,表明其突破低端锁定的能力逐渐强化。广西煤炭开采和洗选业的最终需求距离指数低于贵州和云南,且变化趋势不明显,表明广西煤炭开采和洗选业突破低端锁定较为乏力。

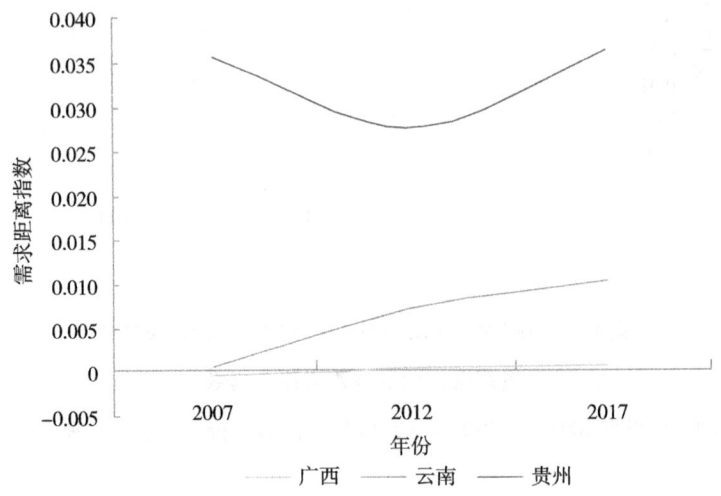

图 4-4　2007 年、2012 年及 2017 年广西、云南及贵州煤炭开采和洗选业最终需求距离指数

（2）金属矿采选业

广西、云南及贵州金属矿采选业最终需求距离指数存在较大差异,说明三省（区）金属矿采选业突破低端锁定困境的能力存在显著差异。总体而言,广西金属矿采选业最终需求距离指数呈现出上升态势,且与贵州之间的差距基本呈现缩小趋势,但与云南之间的差距逐渐扩大,表明在三省（区）之中,广西金属矿采选业突破低端锁定程度的能力较强。贵州与云南金属矿采选业最终需求距离指数表现出相反的变化态势,即云南呈现出先上升再下降的趋势,而贵州却表现出先下降再上升的态势,显示出贵州金属矿采选业突破低端锁定困境的能力有所增强,但云

南金属矿采选业突破低端锁定困境的能力有所下滑(图4-5)。

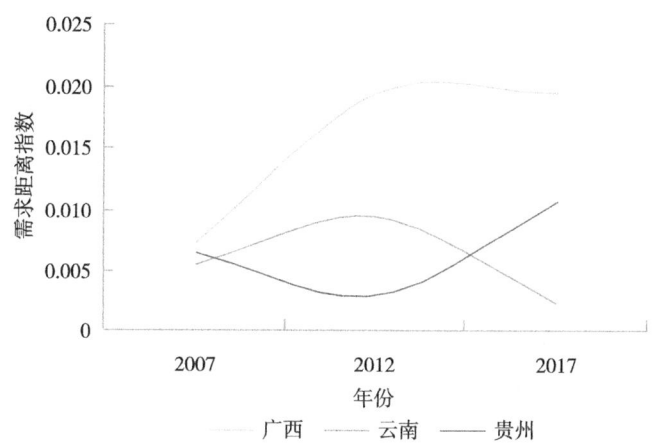

图 4-5 2007年、2012年及2017年广西、云南及贵州金属矿采选业最终需求距离指数

(3)非金属矿及其他矿采选业

总体来看,广西、云南及贵州非金属矿及其他矿采选业最终需求距离指数处于较低水平。广西非金属矿及其他矿采选业最终需求距离指数基本呈现出水平状变化趋势,表明其突破低端锁定的能力并无显著改变,依然面临程度较深的低端锁定。云南非金属矿及其他矿采选业最终需求距离指数由负转正,虽然仍低于广西,但表明云南非金属矿及其他矿采选业突破低端锁定,提升国内分工地位的能力有所增强。贵州非金属矿及其他矿采选业最终需求距离指数呈现先缓慢下降再快速上升的变化趋势,且逐步超越广西与云南,表明贵州非金属矿及其他矿采选业产业内分工地位得到快速提升,突破低端锁定的能力得到强化(图4-6)。

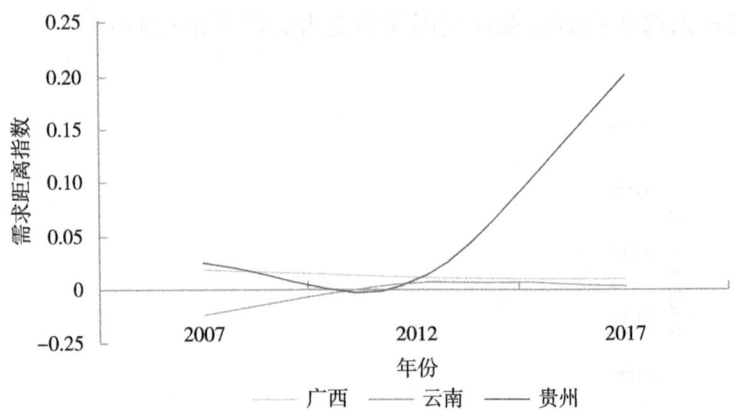

图4-6 2007年、2012年及2017年广西、云南及贵州非金属矿及其他矿采选业最终需求距离指数

(4)食品制造业

由图4-7可知,在三省(区)中,广西与云南食品制造业最终需求距离指数最高,突破低端锁定的能力较强。广西与云南食品制造业最终需求距离指数基本处于同一水平,且均呈现缓慢下降的变化态势。贵州食品制造业最终需求距离指数较小,但却呈现出快速上升趋势,表明贵州食品制造业突破低端锁定的能力逐步得到增强。

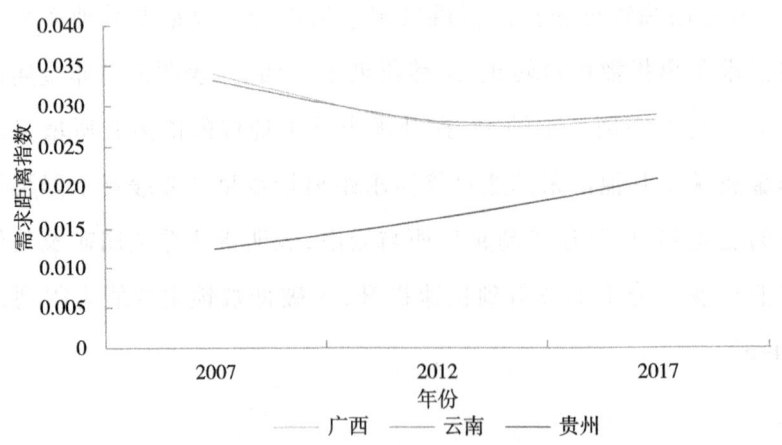

图4-7 2007年、2012年及2017年广西、云南及贵州食品制造业最终需求距离指数

(5)化学工业

化学工业的发展既需要大量的自然资源,也需要一定的技术支撑。由图4-8可以看出,贵州化学工业的最终需求距离指数一直高于广西与云南,表明贵州化学工业的国内产业分工地位较高,且面临的低端锁定程度较小。云南化学工业的最终需求距离指数介于贵州与广西之间,呈现出略微下降的态势,广西化学工业的最终需求距离指数最低,且呈现出较大的下降态势。因此,云南与广西化学工业的低端锁定程度较大,且突破这一困境的能力相对不足。

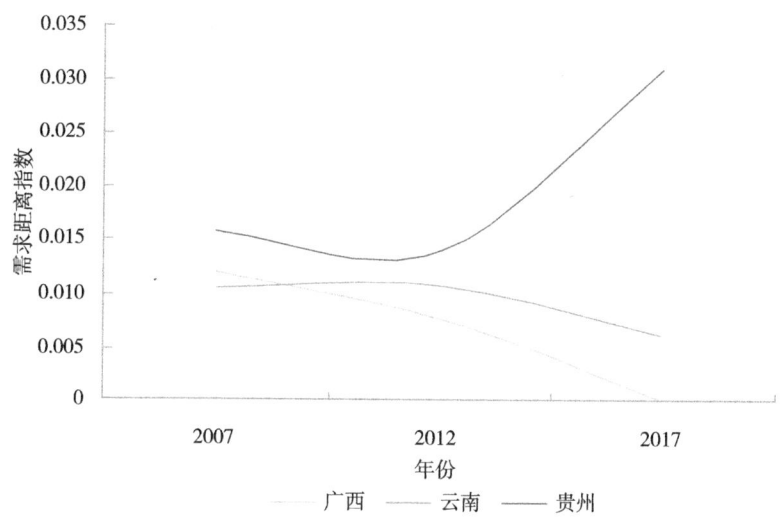

图4-8 2007年、2012年及2017年广西、云南及贵州化学工业最终需求距离指数

(6)非金属矿物制品业

广西、云南及贵州非金属矿物制品业的最终需求距离指数差异明显,表明三省(区)非金属矿物制品业生产的最终产品数量在国内地位不尽相同,进一步表明三省(区)非金属矿物制品业突破低端锁定能力存在显著差异。

如图4-9所示,广西、云南及贵州非金属矿物制品业最终需求距离指数均表现出增长态势,且广西一直处于领先地位,表明三省(区)非金属矿物制品业突破低端锁定的能力呈现增长态势。但到了2017年,广西与云南非金属矿物制品业最终需求距离指数却呈现下降态势,而贵州则持续保持增长势头,说明广西与云南非金属矿物制品业突破价值链低端锁定的能力在一定程度上有所下降,但贵州非金属矿物制品业突破价值链低端锁定的能力持续增强。

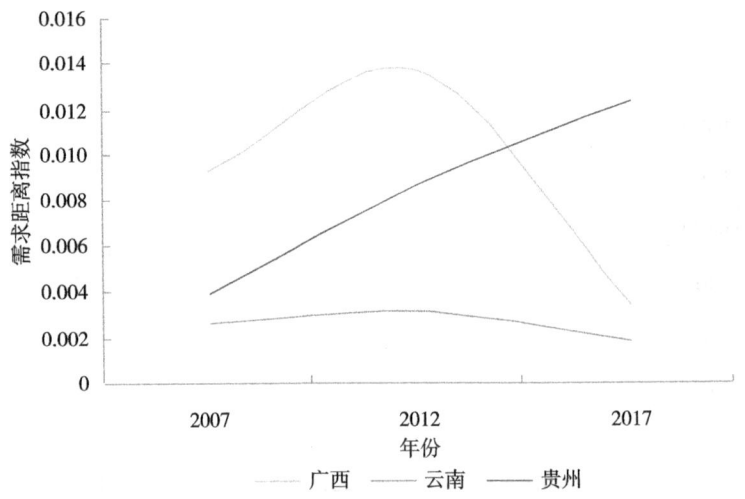

图4-9　2007年、2012年及2017年广西、云南及贵州非金属矿物制品业最终需求距离指数

(7)金属冶炼及压延加工业

由图4-10可以看出,广西、云南及贵州三省(区)的金属冶炼及压延加工业的最终需求距离指数及其变化趋势差异显著。云南金属冶炼及压延加工业的最终需求距离指数最高,广西次之,贵州最低。从总体趋势来看,广西与云南的金属冶炼及压延加工业的最终需求距离指数呈现下降趋势,其中广西下降幅度较大,贵州却表现出上升态势。由此可

知,广西与云南的金属冶炼及压延加工业突破价值链低端锁定的能力有所减弱,而贵州的金属冶炼及压延加工业突破价值链低端锁定的能力显著增强。贵州金属冶炼及压延加工业的竞争力逐渐在西南地区中脱颖而出。

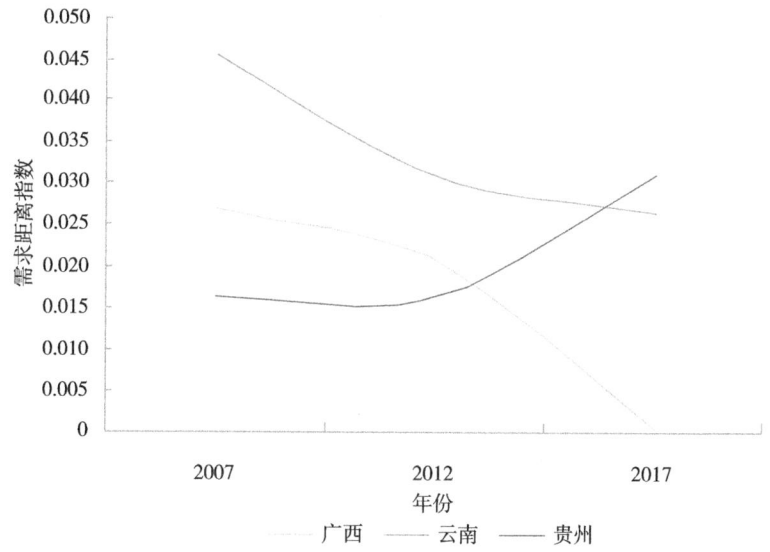

图4-10 2007年、2012年及2017年广西、云南及贵州金属冶炼及压延加工业最终需求距离指数

(8)金属制品业

图4-11显示的是2007年、2012年及2017年广西、云南及贵州金属制品业最终需求距离指数。可以看出,虽然2007年、2012年广西金属制品业最终需求距离指数水平较低,但到了2017年表现出明显的较快增长态势,表明广西金属制品业国内产业分工地位取得了较快提升,面临价值链低端锁定的程度有所缓解。对于云南与贵州而言,贵州的金属制品业最终需求距离指数一直高于云南,但该两省金属制品业最终需求距离指数呈现相似的变化特征,并没有呈现显著的增长态势,表明云

南与贵州两省金属制品业面临的低端锁定程度较深,突破这一困境的难度较大。

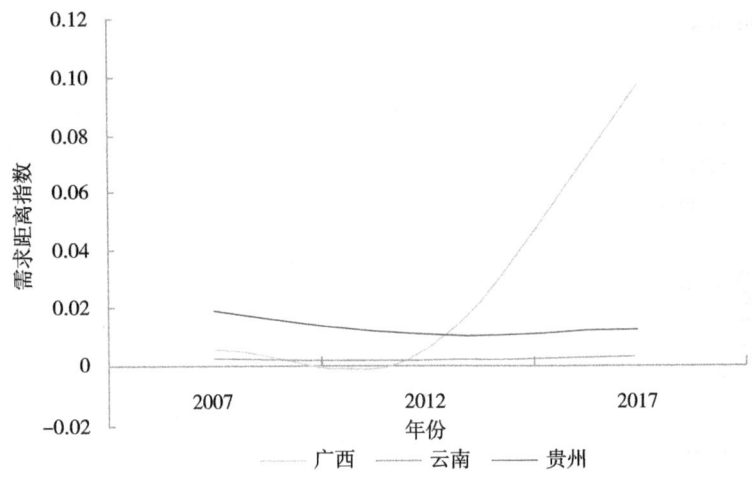

图4-11 2007年、2012年及2017年广西、云南及贵州金属制品业最终需求距离指数

3. 区域横向对比

选择西部陆海新通道沿线其余8个省(区、市)作为对比区域❶后,进一步刻画西南地区资源型产业面临的低端锁定程度,从区域对比的视角展开深入分析。表4-2、表4-3、表4-4展示了2007年、2012年及2017年广西、云南及贵州8个细分资源型产业最终需求距离指数排名。需要说明的是,整个西部陆海新通道沿线省(区、市)资源型产业最终需求距离指数较低,2007年均值为0.013,2012年均值为0.018,2017年均值为0.021,表明整个西部陆海新通道沿线省(区、市)资源型产业附加值普遍较低,面临低端锁定的困境。在此背景下,本书研究西南地区资源型产业低端锁定程度的区域对比状况。

---

❶ 西部陆海新通道沿线共13个省(区、市),但西藏与海南因为数据缺失,所以本研究对比对象不包括西藏与海南。

表4-2 2007年西部陆海新通道沿线省(区、市)细分资源型产业最终需求距离指数排名

产业分类	排名										
	1	2	3	4	5	6	7	8	9	10	11
全部资源型产业	内蒙古	陕西	四川	贵州	广西	云南	甘肃	新疆	重庆	宁夏	青海
煤炭开采和洗选业	内蒙古	贵州	陕西	宁夏	四川	新疆	重庆	甘肃	云南	青海	广西
金属矿采选业	内蒙古	陕西	新疆	广西	四川	贵州	云南	宁夏	重庆	甘肃	青海
非金属矿及其他矿采选业	内蒙古	贵州	甘肃	广西	陕西	四川	重庆	新疆	宁夏	青海	云南
食品制造业	四川	广西	云南	内蒙古	陕西	重庆	贵州	甘肃	新疆	宁夏	青海
化学工业	陕西	四川	贵州	内蒙古	广西	云南	重庆	新疆	宁夏	甘肃	青海
非金属矿物制品业	内蒙古	四川	陕西	广西	重庆	贵州	新疆	云南	甘肃	宁夏	青海
金属冶炼及压延加工业	云南	内蒙古	广西	甘肃	陕西	贵州	四川	新疆	宁夏	重庆	青海
金属制品业	四川	贵州	新疆	陕西	广西	内蒙古	重庆	青海	云南	甘肃	宁夏

表 4-3　2012年西部陆海新通道沿线省（区、市）细分资源型产业最终需求距离指数排名

产业分类	排名										
	1	2	3	4	5	6	7	8	9	10	11
全部资源型产业	内蒙古	陕西	四川	新疆	宁夏	重庆	广西	贵州	云南	甘肃	青海
煤炭开采和洗选业	内蒙古	陕西	宁夏	贵州	四川	重庆	云南	新疆	甘肃	青海	广西
金属矿采选业	内蒙古	四川	陕西	广西	新疆	云南	重庆	甘肃	青海	贵州	宁夏
非金属矿及其他矿采选业	新疆	陕西	四川	广西	甘肃	内蒙古	贵州	云南	重庆	宁夏	青海
食品制造业	四川	内蒙古	云南	广西	陕西	重庆	贵州	甘肃	新疆	宁夏	青海
化学工业	重庆	四川	陕西	内蒙古	贵州	云南	新疆	甘肃	广西	宁夏	青海
非金属矿物制品业	内蒙古	四川	重庆	陕西	广西	贵州	甘肃	新疆	青海	宁夏	云南
金属冶炼及压延加工业	内蒙古	陕西	云南	甘肃	广西	重庆	贵州	新疆	宁夏	四川	青海
金属制品业	内蒙古	陕西	四川	贵州	重庆	新疆	广西	甘肃	云南	宁夏	青海

表4-4　2017年西部陆海新通道沿线省(区、市)细分资源型产业最终需求距离指数排名

产业分类	排名										
	1	2	3	4	5	6	7	8	9	10	11
全部资源型产业	重庆	陕西	贵州	内蒙古	广西	云南	新疆	四川	甘肃	宁夏	青海
煤炭开采和洗选业	内蒙古	陕西	贵州	云南	宁夏	甘肃	新疆	重庆	广西	四川	青海
金属矿采选业	陕西	内蒙古	重庆	广西	新疆	贵州	青海	甘肃	云南	四川	宁夏
非金属矿及其他矿采选业	贵州	陕西	重庆	新疆	内蒙古	广西	宁夏	云南	甘肃	四川	青海
食品制造业	四川	陕西	云南	广西	重庆	贵州	内蒙古	甘肃	新疆	宁夏	青海
化学工业	重庆	陕西	贵州	内蒙古	四川	宁夏	云南	甘肃	新疆	青海	广西
非金属矿物制品业	陕西	重庆	贵州	甘肃	内蒙古	宁夏	四川	新疆	广西	云南	青海
金属冶炼及压延加工业	陕西	内蒙古	重庆	贵州	云南	新疆	甘肃	宁夏	青海	四川	广西
金属制品业	重庆	广西	贵州	陕西	四川	甘肃	云南	宁夏	内蒙古	新疆	青海

整体而言,在西部陆海新通道沿线11个省(区、市)中,2007年,广西、云南及贵州资源型产业最终需求距离指数均低于内蒙古、陕西及四川3省(区),分别处于第5、6、4名的位置,表明西南地区资源型产业低端锁定程度高于内蒙古、陕西及四川3省(区),相对于其他省(区、市),西南地区资源型产业面临的低端锁定程度较小。

与2007年相比,2012年广西、云南及贵州资源型产业最终需求距离指数排名均出现下滑态势,广西由第5名下滑至第7名,云南由第6名下滑至第9名,贵州由第4名下滑至第8名,表明西南地区资源型产业面临的低端锁定程度有所增强。

2017年,这一状况有所好转,广西、云南及贵州资源型产业最终需求距离指数排名又呈现上升的态势,广西由第7名上升至第5名,云南由第9名上升至第6名,贵州由第8名上升至第3名,表明西南地区资源型产业突破低端锁定的能力有所增强。从2007年、2012年和2017年广西、云南及贵州资源型产业最终需求距离指数排名的均值可以看出,贵州资源型产业最终需求距离指数排名(均值为4.75)高于广西(均值为5.95)和云南(均值为6.5),表明贵州资源型产业在西部陆海新通道沿线省(区、市)中具有较强的竞争力,显现出较强的突破低端锁定困境的能力。

总体而言,西南地区资源型产业最终需求距离指数依然低于重庆、陕西、内蒙古等地,面临的低端锁定程度仍较大。

从细分资源型产业来看,西南地区8个资源型产业的最终需求距离指数排名变化趋势存在差异,表明它们突破低端锁定的能力存在差异。在所有行业的省际排名中,从平均水平来看,食品制造业、非金属矿及其他矿采选业、金属冶炼及压延加工业及金属制品业的最终需求距离指数排名相对稳定,且排名处于相对靠前位置,表明西南地区上述4个行业突破低端锁定困境的能力在西部陆海新通道沿线省份中较强(表4-5)。

表 4-5 广西、云南及贵州细分资源型产业最终需求距离指数排名变化

产业分类	广西			云南			贵州		
	2007年	2012年	2017年	2007年	2012年	2017年	2007年	2012年	2017年
煤炭开采和洗选业	11	11	9	9	7	4	2	4	3
金属矿采选业	4	4	4	7	6	9	6	10	6
非金属矿及其他矿采选业	4	4	6	11	8	8	2	7	1
食品制造业	2	4	4	3	3	3	7	7	6
化学工业	5	9	11	6	6	7	3	5	3
非金属矿物制品业	4	5	9	8	11	10	6	6	3
金属冶炼及压延加工业	3	5	11	1	3	5	6	7	4
金属制品业	5	7	2	9	9	7	2	4	3

煤炭开采和洗选业、金属矿采选业及非金属矿物制品业3个行业的最终需求距离指数排名均值大于6,总体排名较为靠后,表明西南地区这些行业的区域竞争力较弱,突破低端锁定困境的能力亟须强化。

4.4.3 技术低端锁定问题突出

1. 资源型产业技术创新水平有所提升,但整体技术创新水平偏低

技术创新能力是评价资源型产业是否陷入低端锁定困境的重要指标,而专利是测度技术创新能力的重要标准。专利申请量更能反映创新主体在技术创新活动中的实际表现和意愿,基于此,本书将资源型产业专利申请量作为衡量西南地区资源型产业技术锁定状况的指标。

由图4-12可以看出，2003—2021年，虽然西南地区资源型产业的专利申请量经历了较大幅度的波动，但整体而言，西南地区资源型产业的专利申请量呈现出持续上涨的态势，专利申请数量由2003年的2 834件增长到2021年的47 826件，增长了近16倍，充分说明西南地区资源型产业对技术创新的重视程度逐渐增强，技术创新水平有所提升，为资源型产业突破低端的锁定困境提供了技术创新的动力支撑。

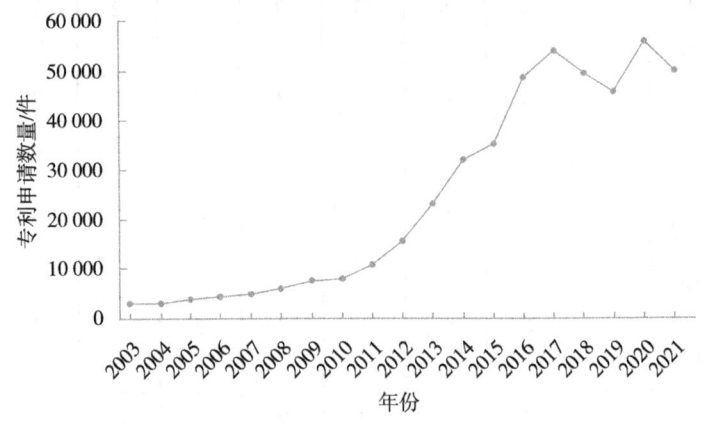

图4-12　西南地区资源型产业专利申请数量趋势

数据来源：根据incopat专利数据库相关数据整理而得。

但从全国范围来看，西南地区资源型产业技术创新水平仍处于较低水平，深陷技术锁定的困境。由图4-13可以看出，2003—2021年，西南地区资源型产业专利申请数量占全国比重呈现"两阶梯"的演变趋势。2003—2013年为第一阶梯演变阶段，西南地区资源型产业专利申请数量占全国比重低于1.00%，年均占比仅为0.68%，基本呈现出平稳下滑的趋势，表明此阶段西南地区资源型产业技术创新水平极低，且增长乏力；2014—2021年为第二阶梯演变阶段，西南地区资源型产业技术创新水平有所提高，专利申请数量占全国比重明显高于第一阶段，但年均占比也仅为1.07%，且在2018年呈现下降趋势。

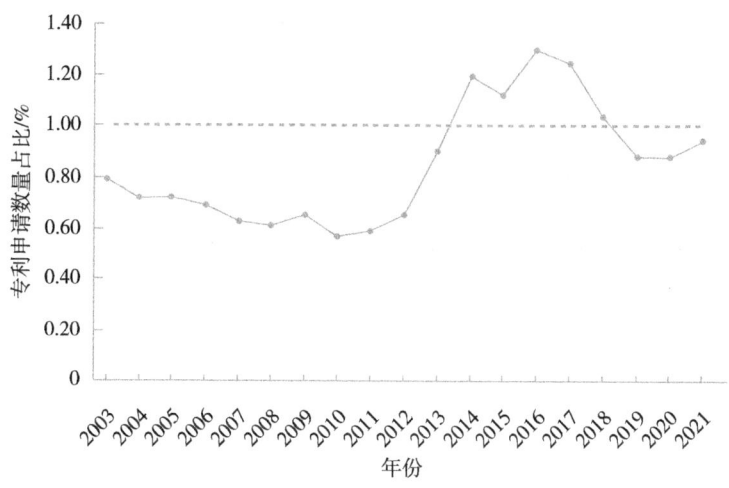

图 4-13　西南地区资源型产业专利申请数量占比

数据来源：根据 incopat 专利数据库相关数据整理而得。

因此，总体而言，西南地区资源型产业技术创新能力仍偏弱，深陷技术锁定的困境，如何提高西南地区资源型产业技术创新水平，成为西南地区资源型产业突破低端锁定的困境所面临的重要现实问题。

2. 资源型产业行业间技术锁定的差异较小，食品制造业表现相对突出

相对于矿产资源的开采，资源型产业中的制造业对技术的需求更显著。基于此，选取资源型产业中的非金属矿物制品业、食品制造业、化学工业、金属制品业、金属冶炼及压延加工业5个典型行业，分析行业之间的技术创新水平差异，以进一步阐释西南地区资源型产业不同行业所面临的技术锁定程度。由图4-14可以看出，2003—2021年，除食品制造业外，金属冶炼及压延加工业、非金属矿物制品业、化学工业及金属制品业的专利申请量占全国的比重均普遍处于较低水平，呈现出相似的演变趋势，尤其是非金属矿物制品业深陷技术锁定困境，专利申请量年均占比仅为0.58%。

2003—2010年,食品制造业与其他四个行业的技术创新能力基本处于同一水平,但从2011年开始,食品制造业专利申请量占全国的比重呈现出提高态势,与其他四个行业之间的差距逐步拉大,尤其在2016年,食品制造业专利申请量占全国的比重达到峰值,说明西南地区食品制造业的技术创新能力显著提升,具备较强的依靠技术创新突破低端锁定的能力。

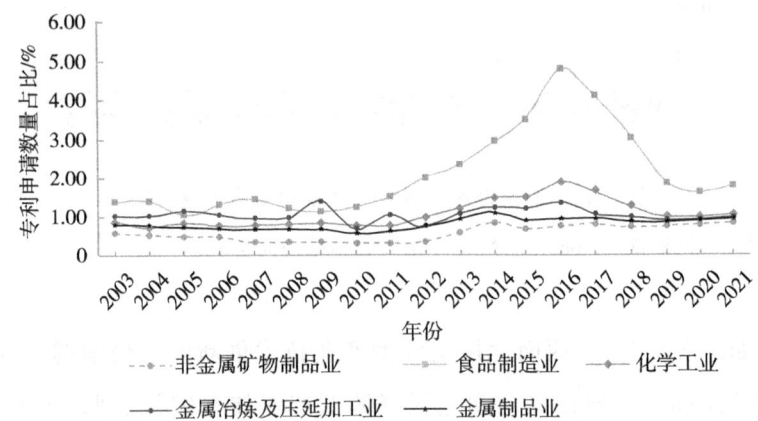

图4-14 西南地区资源型产业分行业专利申请数量占比

数据来源:根据incopat专利数据库相关数据整理而得。

3. 三省(区)资源型产业技术锁定存在差异

(1)三省(区)四大行业技术锁定差异经历了从不明显到明显的变化过程

由图4-15、图4-16、图4-17及图4-18可以看出,2003—2021年,广西、云南及贵州三省(区)的非金属矿物制品业、食品制造业、化学工业及金属制品业的专利申请数量占全国比重的演变趋势呈现出两种不同的变化模式。

2003—2011年,上述四个行业专利申请数量占全国比重差异较小,且普遍处于较低水平,表明三省(区)四个行业所面临的技术锁定程度相似。但在2012—2021年,三省(区)四个行业专利申请数量占全国比重的差异逐步拉大,尤其是广西的四个资源型行业的技术创新水平后发动力较强,逐步拉开与云南及贵州的差距,广西的非金属矿物制品业、食品制造业及化学工业的技术创新水平逐渐超越云南与贵州,表明广西该四个行业所面临的技术锁定程度低于云南与贵州。四个行业中,云南的非金属矿物制品业与金属制品业技术创新水平低于广西与贵州,面临较深的技术锁定困境,而贵州的化学工业技术创新水平低于广西与云南,同样深陷技术锁定的困境之中。

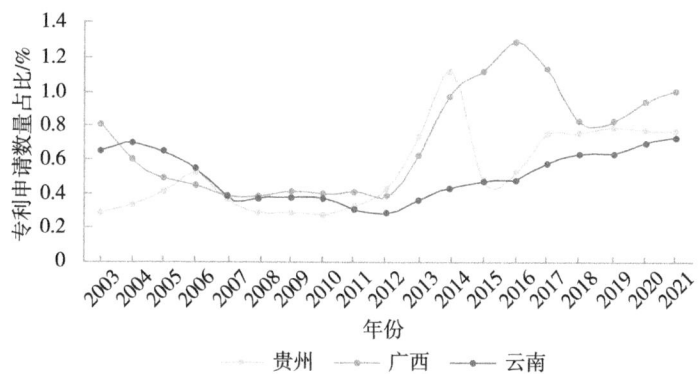

图 4-15　西南地区三省(区)非金属矿物制品业专利申请量占比

数据来源:根据 incopat 专利数据库相关数据整理而得。

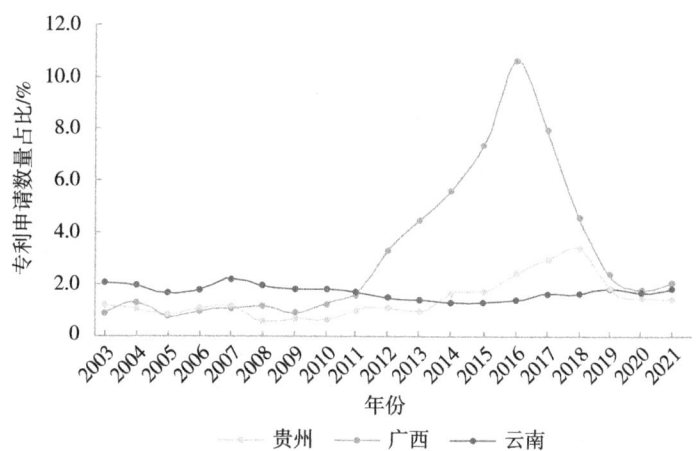

图 4-16　西南地区三省(区)食品制造业专利申请量占比

数据来源:根据 incopat 专利数据库相关数据整理而得。

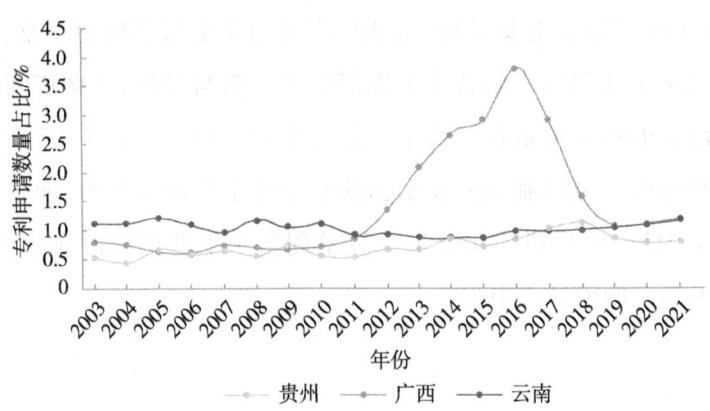

图4-17 西南地区三省（区）化学工业专利申请量占比

数据来源：根据incopat专利数据库相关数据整理而得。

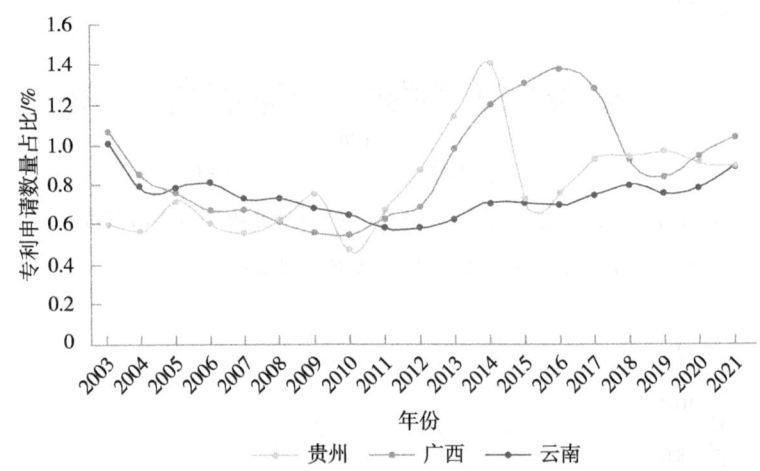

图4-18 西南地区三省（区）金属制品业专利申请量占比

数据来源：根据incopat专利数据库相关数据整理而得。

(2)三省(区)金属冶炼及压延加工业技术锁定差异较大

由图4-19可以看出，2003—2021年，广西、云南及贵州三省（区）金属冶炼及压延加工业的专利申请量占全国的比重持续存在较为明显的差异，且基本处于较低的水平，表明三省（区）该行业所面临的技术锁定困境差异显著。云南与贵州的金属冶炼及压延加工业专利申请量占全国的比重基本呈现出一种均衡稳定波动的发展趋势,而广西则表现出在波动中有所增长的发展趋势。但是,从整体发展趋势来看,云南金属冶炼及压延加工业面临的技术锁定程度最低,广西次之,贵州最高。

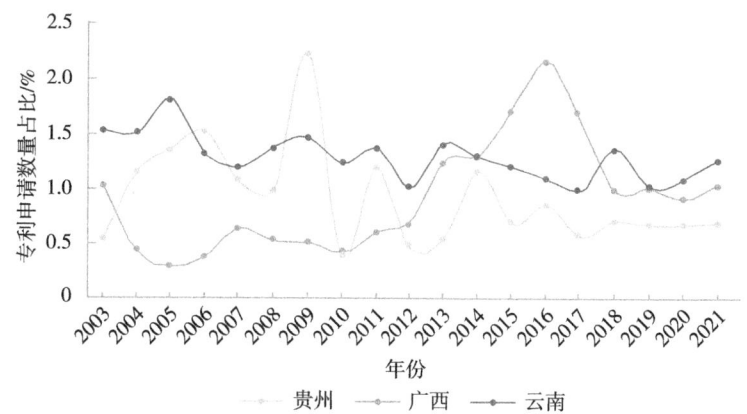

图4-19　西南地区三省(区)金属冶炼及压延加工业专利申请量占比

数据来源:根据incopat专利数据库相关数据整理而得。

4.4.4　低生产率锁定程度较高

1. 资源型产业总体劳动生产率持续低于全国平均水平

图4-20是西南地区资源型产业劳动生产率与全国资源型产业劳动生产率的对比状况。总体而言,2000—2012年,西南地区资源型产业劳动生产率持续低于全国平均水平,表明西南地区资源型产业生产水平较低,面临生产效率低端锁定的困境。具体来看,虽然2010年西南地区资源型产业劳动生产率与全国平均水平基本持平,但2000—2009年,西南地区资源型产业劳动生产率与全国平均水平之间的差距逐步扩大,而在此之后的2011年,两者之间的差距又呈现出进一步扩大的趋势。

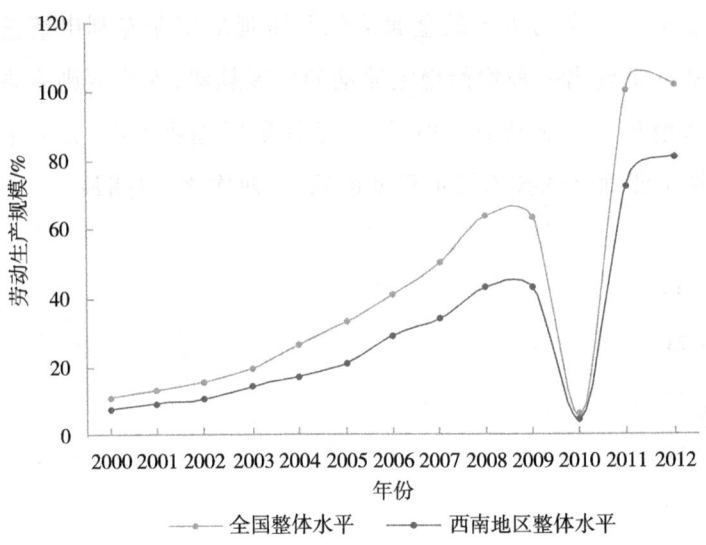

图4-20 西南地区资源型产业劳动生产率与全国整体水平对比

数据来源:中国工业企业数据库(2000—2012年)。

2. 主要资源型产业劳动生产率低于全国平均水平

选取金属冶炼及压延加工业、化学工业、金属制品业及食品制造业等典型资源型行业,具体分析西南地区资源型产业劳动生产率变化趋势,从而明确具体行业的生产效率所面临的低端锁定困境。表4-6和图4-21显示了西南地区四个典型资源型产业劳动生产率与全国的对比情况。可以看出,2000—2012年,西南地区金属冶炼及压延加工业、化学工业、金属制品业及食品制造业四个行业的劳动生产率均普遍低于全国整体水平。从占全国比重来看,西南地区四个行业劳动生产率只有全国整体水平的60%左右,且这一比重虽有变化,但整体变化幅度较小。

总体来看,金属冶炼及压延加工业、化学工业、金属制品业及食品制造业四个行业的生产效率较低,提升进程较为缓慢,表明此四个行业的技术水平有限,生产效率突破低端锁定困境的难度较大。

表4-6 2000—2012年四大典型资源型产业劳动生产率

年份	金属冶炼及压延加工业		化学工业		金属制品业		食品制造业	
	全国	西南地区	全国	西南地区	全国	西南地区	全国	西南地区
2000	166.51	98.10	164.59	107.86	148.72	74.00	203.88	129.24
2001	212.84	57.39	186.68	118.77	167.82	109.95	238.56	133.31
2002	253.70	172.81	231.03	147.64	185.42	97.52	273.17	167.31
2003	356.29	281.59	296.62	174.07	218.92	262.24	310.89	142.42
2004	549.56	362.64	398.59	242.79	273.39	100.37	385.37	245.15
2005	682.42	448.29	503.09	309.13	313.01	137.07	1 003.29	736.93
2006	858.54	703.25	625.49	365.62	373.78	160.05	512.75	358.46
2007	1 100.58	841.35	801.26	437.28	420.63	231.19	611.10	423.80
2008	1 474.21	1 095.02	872.39	529.20	471.75	218.02	707.29	470.37
2009	1 296.53	806.82	941.48	502.58	491.73	329.16	781.43	526.98
2010	147.74	98.04	94.36	56.66	39.79	32.85	58.26	59.72
2011	2 387.95	1 884.98	1 428.10	893.28	698.13	506.29	953.94	683.91
2012	2 301.14	2 030.49	1 411.32	986.37	725.03	538.40	1 003.29	736.93

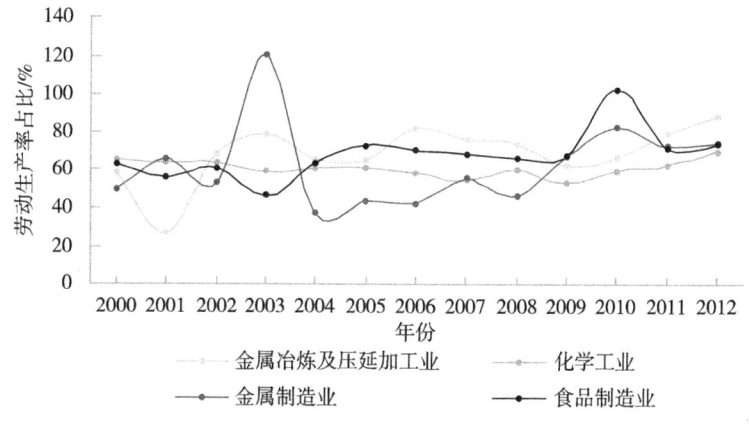

图4-21 西南地区四个资源型产业劳动生产率占比

4.4.5 低绿色发展水平锁定困境较为明显

1. 资源型产业环境污染水平高于全国平均水平

为了进一步评价西南地区资源型产业低端锁定程度,依据本书构建的理论框架,选择单位产值废气排放量(废气排放量除以资源型产业总产值)作为衡量资源型产业低端锁定程度的指标。

由图4-22可以看出,在2000—2011年,西南地区资源型产业的单位产值废气排放量变化趋势与全国总体水平变化趋势基本相同。2000—2009年,西南地区资源型产业的单位产值废气排放量有所下降,但下降趋势不明显,且2010年达到峰值。但总体而言,西南地区资源型产业的单位产值废气排放量一直高于全国平均水平,表明西南地区资源型产业在快速发展的同时,对大气环境的污染程度较高,绿色发展水平较低,也反映了西南地区资源型产业所面临的深层次低端锁定的问题。

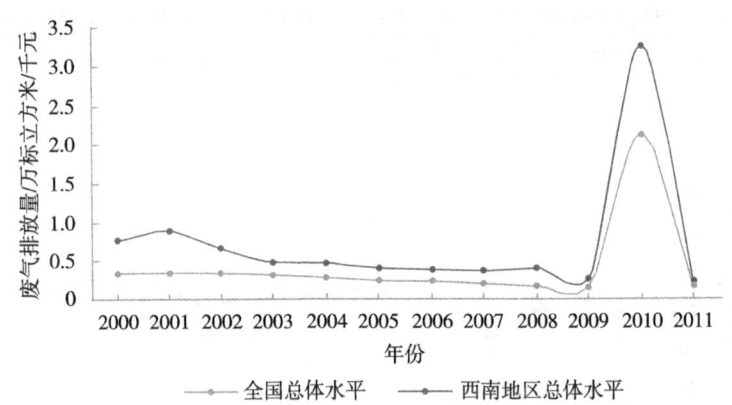

图4-22 西南地区资源型产业单位产值废气排放量与全国总体水平对比

注:由于中国工业企业数据库2012年废气排放量这一指标数据缺失,因此时间截至2011年。

数据来源:中国工业企业数据库(2000—2011年)。

2. 主要资源型产业环境污染水平总体高于全国平均水平

选取金属冶炼及压延加工业、化学工业、金属制品业及食品制造业等典型资源型行业,具体分析西南地区资源型产业单位产值废气排放量演变趋势,以从环境污染的角度明晰具体行业的低端锁定困境。

结合表4-7和图4-23可以看出,2000—2011年,金属制品业单位产值废气排放量与全国总体水平差距较小,甚至有些年份的单位产值废气排放量小于全国总体水平,说明以环境污染水平衡量的低端锁定程度较低。但是,金属冶炼及压延加工业、化学工业及食品制造业三个行业的单位产值废气排放量持续高于全国总体水平,表明该三个行业的环境污染水平较高,以环境污染水平衡量的低端锁定程度较高。其中,食品制造业单位产值废气排放量最高,是全国总体水平的3.47倍,化学工业单位产值废气排放量次之,是全国总体水平的2.20倍,食品制造业与化学工业如何降低对生态环境的破坏,是西南地区资源型产业突破低端锁定困境亟须解决的重要现实问题。

表4-7 2000—2011年四大典型资源型产业单位产值废气排放量占比

单位:%

年份	金属冶炼及压延加工业		化学工业		金属制品业		食品制造业	
	全国	西南地区	全国	西南地区	全国	西南地区	全国	西南地区
2000	0.58	2.80	0.30	0.47	0.10	0.08	0.07	0.25
2001	0.59	1.72	0.26	0.49	0.04	0.10	0.05	0.23
2002	0.53	1.33	0.26	0.43	0.04	0.39	0.06	0.22
2003	0.47	0.91	0.22	0.46	0.03	0.05	0.07	0.24
2004	0.37	0.58	0.18	0.33	0.02	0.07	0.05	0.22
2005	0.34	0.43	0.15	0.35	0.04	0.01	0.04	0.15
2006	0.34	0.45	0.15	0.33	0.03	0.02	0.04	0.12
2007	0.25	0.31	0.12	0.28	0.03	0.03	0.03	0.10

续表

年份	金属冶炼及压延加工业		化学工业		金属制品业		食品制造业	
	全国	西南地区	全国	西南地区	全国	西南地区	全国	西南地区
2008	0.25	0.27	0.10	0.21	0.04	0.13	0.03	0.13
2009	0.26	0.35	0.10	0.31	0.21	0.05	0.04	0.11
2010	2.72	3.26	1.07	3.11	0.32	0.17	0.40	0.88
2011	0.25	0.33	0.07	0.18	0.02	0.02	0.02	0.08

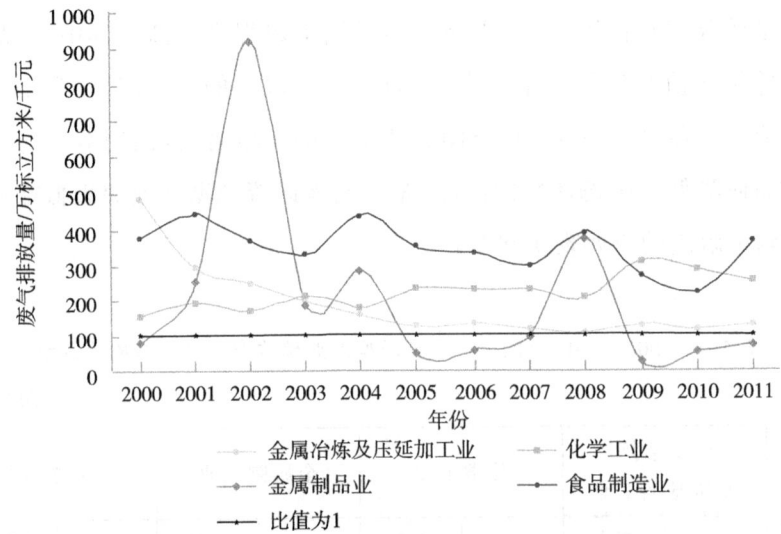

图 4-23 西南地区四个资源型产业单位产值废气排放量占全国总体水平比重

注：由于中国工业企业数据库 2012 年废气排放量这一指标数据缺失，因此时间截至 2011 年。

数据来源：中国工业企业数据库（2000—2011 年）。

第5章　西南地区资源型产业低端锁定困境的影响因素分析

基于本书构建的理论框架,本章重点从创新要素、创新环境等维度深入分析影响西南地区资源型产业低端锁定困境的因素。创新要素包括服务投入及科技投入等。创新环境包括市场化水平、金融环境及制度环境等。

5.1 创新要素方面

5.1.1 高级服务要素投入水平低

在具体的资源型产业门类中,也包括制造业。制造业投入服务化趋势是经济社会发展的必然结果,研发、设计、管理咨询等服务要素在生产中的地位越来越重要,生产中所需的服务资源有逐步增长的趋势。基于此,资源型产业投入服务化是影响其迈向中高端价值链、创新链,进而突破低端锁定的极其重要的因素。

区域投入产出表较为系统地统计了资源型产业物质投入及服务投入的数据,基于此,本书依据《中国地区投入产出表2007》《中国地区投入产出表2012》《中国地区投入产出表2017》,运用资源型产业的物质投入占比和服务投入占比等具体指标,研究西南地区资源型产业的服务投入水平,详见图5-1。

由图5-1可以看出,西南地区资源型产业物质投入比重和服务投入比重大致经历了两个阶段:第一阶段表现为"一升一降",即2007年和2012年,物质投入比重略有增长,服务投入比重略有下降;第二阶段表现为"一降一升",即2012年和2017年,物质投入比重呈下降趋势,服务投入比重呈上升趋势。但就整体而言,西南地区资源型产业物质投入比重一直维持在75%左右的水平,而服务投入只占25%左右,资源型产业物质投入比重远高于服务投入比重。这表明西南地区资源型产业投入服务化水平较低,是突破产业低端锁定的重要阻碍,制约了西南地区资源型产业创新水平及经济效益的提升。

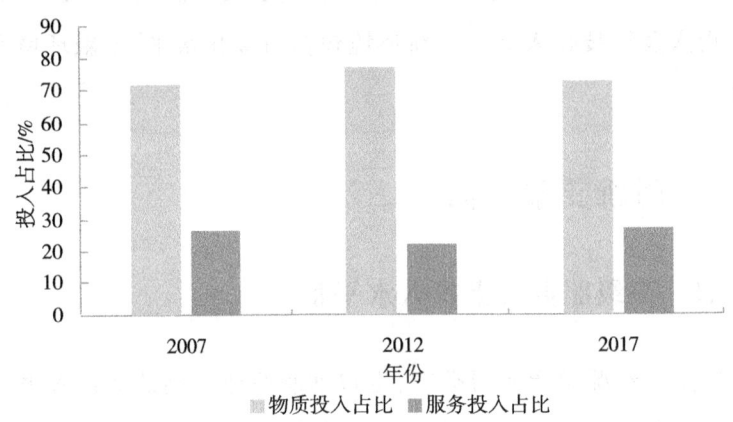

图5-1 2007年、2012年、2017年西南地区
资源型产业物质投入和服务投入占比

分行业来看,西南地区资源型制造行业中的食品制造业、化学工业、非金属矿物制品业、金属冶炼及压延加工业、金属制品业的物质投入占比一直保持在80.00%左右的高位,变动幅度较小,过高的物质投入持续影响这些行业突破低端锁定的进程。而煤炭开采和洗选业、金属矿采选业、非金属矿及其他矿采选业等资源型采选业的物质投入占比较低,维持在55.00%左右的水平,且从动态发展趋势来看,这些行业的物质投入占比总体呈现下降态势,表明这些行业正逐渐加大服务要素投入,对于突破低端锁定困境起到了较好的促进作用(图5-2)。

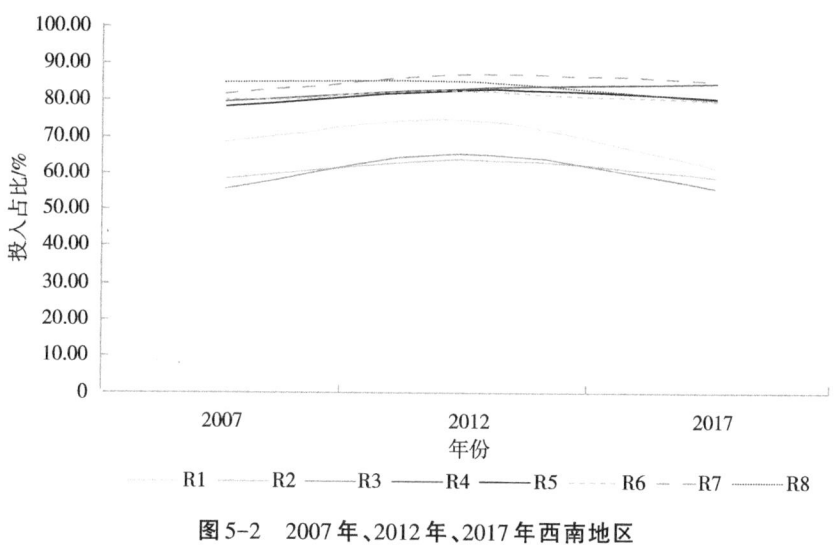

图 5-2 2007年、2012年、2017年西南地区
资源型产业分行业物质投入和服务投入占比

5.1.2 科技投入比重极低且持续下降

知识、信息、技术等科技要素投入会显著影响产业创新水平，充分的科技要素投入有助于为资源型产业突破低端锁定困境提供强大的动力支撑。为此，通过计算西南地区资源型产业科技投入占全部投入的比重，揭示西南地区资源型产业科技投入演变规律。具体如图 5-3 所示。

由图 5-3 可知，从整体来看，西南地区资源型产业科技要素投入占全部投入的比重处于极低水平，比重均值不足 1.00%，仅为 0.49%。从动态演进来看，在研究期间内，西南地区资源型产业科技要素投入占全部投入的比重呈现出持续下降的态势，科技要素投入比重由 2007 年的 0.70%，下降到 2017 年的 0.26%，下降幅度高达 62.86%。这说明西南地区资源型产业投入的知识、技术等要素水平偏低，进一步加深西南地区资源型产业陷入低端锁定的程度。这与西南地区整体科技投入水平不高、经济实力不强等有关。科技要素投入水平低，弱化了资源型产业突破低端锁定的动力支撑,是西南地区资源型产业突破低端锁定困境所面临的主要瓶颈之一。

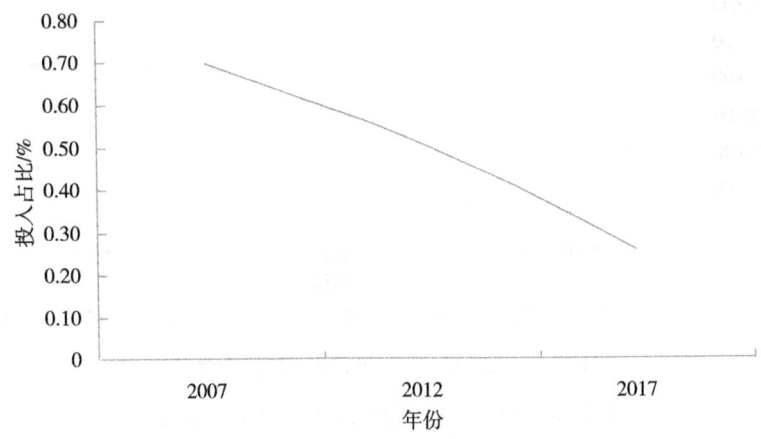

图 5-3　2007 年、2012 年、2017 年西南地区资源型产业科技投入占比

注:采用资源型产业中间投入中的科学研究和技术服务投入作为衡量科技投入指标。

分行业来看,西南地区绝大多数资源型产业的科技投入呈现下降趋势,且处于较低水平。具体来看,不同行业的科技投入水平存在一定差异(图 5-4)。

依据不同行业科技投入占比的变化趋势,可以将其分为三类:"U"形、倒"U"形与持续下降型。化学工业、非金属矿及其他矿采选业的科技投入占比呈现出先下降再上升的"U"形演进态势,表明这些行业对科技投入的重视程度有所加强,有利于加速突破低端锁定困境。金属矿采选业却经历了相反的过程,科技投入占比呈现出先上升再下降的倒"U"形变化趋势,依靠科技突破低端锁定困境的动力有所减弱。其他行业的科技投入占比均表现出持续下降趋势,尤其是非金属矿物制品业、金属冶炼及压延加工业两个行业的科技投入水平低于其他行业,是西南地区资源型产业依靠科技投入突破低端锁定困境需要重点关注的行业。

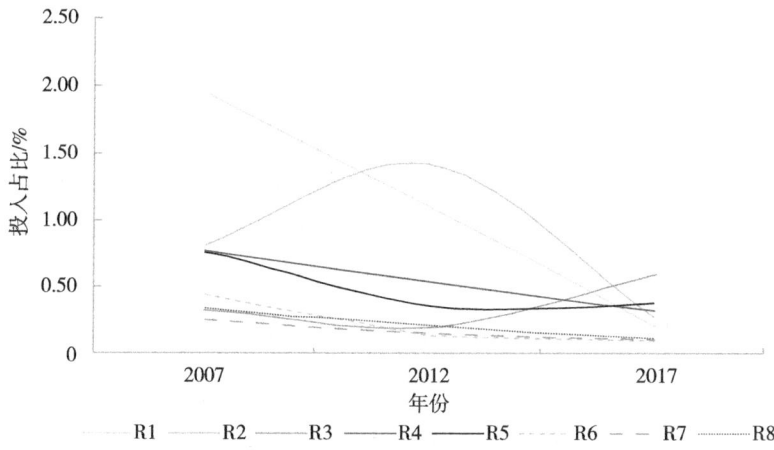

图 5-4　2007 年、2012 年、2017 年西南地区资源型产业分行业科技投入占比

5.2　创新环境方面

从创新制度设置、市场化水平和金融环境三个方面阐述影响西南地区资源型产业突破低端锁定困境的因素。

5.2.1　设立国家高新区的影响：经验证据及西南地区的现状

资源依赖是资源型产业低端锁定困境的重要表现维度之一。本书运用 2000—2015 年中国资源型城市面板数据，采用双重差分方法考察国家高新区的设立对资源依赖的影响，为国家高新区这一制度环境对区域资源型产业低端锁定的影响提供经验证据。依靠矿产等自然资源禀赋，发展资源型产业，容易导致资源路径依赖，使区域陷入以资源的简单加工、技术水平低下为主要特征的低端锁定困境，会产生诸多问题，如经济结构失衡、失业和贫困人口较多、接续替代产业发展乏力、生态环境破坏严重、维护社会稳定压力较大等。基于此，将资源依赖作为衡量低端锁定程度的代理变量。

1. 实证分析过程

(1) 数据样本采集

选取 2000—2015 年全国资源型地级市为研究样本,资源型城市名单来源于 2013 年国家公布的《全国资源型城市可持续发展规划(2013—2020 年)》,该规划确定了 114 个资源型地级市。由于西部省(区、市)部分城市层面数据不可得,故将这些样本剔除,由此得到 95 个资源型地级市研究样本,围绕国家高新区设立这一准自然实验,最终得到样本观测数量为 1 520 个平衡面板数据。数据来源于中国城市统计年鉴,地级市专利数据来源于国家知识产权局网站,具体做法是在申请人地址选项中输入相关地级市全称,得到该市每年的专利申请数量。

(2) 变量定义与数据描述

①被解释变量。资源依赖是被解释的核心变量。资源依赖是指地区依靠矿产等自然资源禀赋,发展资源型产业,导致资源路径依赖。资源依赖度通常用采矿业产值占比、就业占比和出口占比等指标来测度[121],但中国城市统计年鉴并没有对城市采矿业产值及出口额进行统计,考虑到数据的可得性,参照万建香、张生玲等的普遍做法[122-123],选取"采矿业从业人数占比"作为测度资源依赖程度的指标。

②解释变量。核心解释变量为国家高新区虚拟变量 highpolicy。通过以下途径获得 95 个样本城市是否拥有国家高新区:将《全国资源型城市可持续发展规划(2013—2020 年)》中的资源型城市名单与科技部网站公布的截至 2015 年获批的国家高新区名单进行匹配,结果显示共有 26 个资源型城市在不同年份获批建设国家高新区,在此基础上对各资源型城市进行赋值。如果该城市在当年开始设立或已经设立国家高新区,则将 highpolicy 变量赋值为 1,否则赋值为 0。考虑到政策效应的滞后性,将 2015 年获批国家高新区的城市视为没有国家高新区,其 highpolicy 变量也赋值为 0。

③中介变量。国家高新区通过促进城市创新来降低资源依赖程度。采用"专利申请数"来评价城市创新能力。

④控制变量。包括物质资本水平(固定资产投资占国内生产总值比重)、人力资本(高等学校在校学生数占城市人口比重)、政府的科技投入水平(政府科技支出占财政支出比重)、对外开放(地区实际利用外资占国内生产总值比重)、城市规模(城市市辖区人口占总人口比重)、宏观经济环境(人均国内生产总值)。

(3)模型设定

采用双重差分方法检验国家高新区对资源依赖的降低作用。从样本来看,2000—2015年,在95个资源型城市样本中,共有26个城市先后获批设立国家级高新技术产业开发区,提供了一个良好的准自然实验。获批设立的26个城市便构成了处理组,其余没有获批国家高新区的城市则构成研究的对照组。由于获批高新区的时间不同,依据获批国家高新区的时间,设置highpolicy变量。参照贝克(Beck)、刘瑞明和王庶的做法[124-126],构造如下双向固定效应计量模型来检验国家高新区制度对资源型城市资源依赖的作用

$$\text{resdepend}_{i,t} = \alpha + \beta_1 \text{highpolicy}_{i,t} + \sum_j \beta_j \text{Control}_{i,t} + \gamma_t + \eta_i + \varepsilon_{i,t} \quad (5-1)$$

式(5-1)中,i表示城市,t表示时间,$\text{resdepend}_{i,t}$为被解释变量。highpolicy表示城市i在第t年是否设立了国家高新区,获批设立国家高新区前,highpolicy = 0,设立的当年及其之后highpolicy = 1。$\text{Control}_{i,t}$表示其他随时间变动的、影响资源型城市资源依赖的控制变量。主要包括物质资本pinvest、人力资本水平ln humanc、政府科技投入水平govtec、对外开放pfdi、城市规模scale及宏观经济环境pgdp。γ_t表示时间固定效应,η_i表示各城市的个体固定效应,$\varepsilon_{i,t}$为误差项。系数β_1是关注的核心参数,表示国家高新区对资源依赖的制度效应,如果国家高新区这一外生制度安排的确降低了资源型城市对资源的依赖,那么β_1的系数应该显著为负。

为了考察国家高新区影响资源依赖的作用机制,需检验国家高新区对城市创新的作用,参照黎文靖等、孟庆玺等的做法[127-128],先考察解释变量对中介变量的影响,然后再将解释变量与中介变量的交互项代入模型,考察其对被解释变量的影响。作用机制的中介变量为专利申请数。具体模型为

$$\ln \text{patent}_{i,t} = \alpha + \beta_1 \text{highpolicy}_{i,t} + \sum_j \beta_j \text{Control}_{i,t} + \gamma_t + \eta_i + \varepsilon_{i,t} \quad (5\text{-}2)$$

$$\text{resdepend}_{i,t} = \alpha + \beta_1 \text{highpolicy}_{i,t} \times \ln \text{patent}_{i,t} + \sum_j \beta_j \text{Control}_{i,t} + \gamma_t + \eta_i + \varepsilon_{i,t}$$
$$(5\text{-}3)$$

式中,下标 i 表示城市, t 表示时间, $\ln \text{patent}_{i,t}$ 表示国家高新区发挥作用的中介变量,其他各项与模型(5-1)相同。模型(5-2)中的交互项系数 β_1 代表剔除其他影响因素后国家高新区这一制度对城市创新的政策效应。模型(5-3)中的交互项系数 β_1 是另一个核心参数。可通过其系数及其显著性判断国家高新区通过创新影响资源依赖的作用强度(表5-1)。

表5-1 变量的描述性统计

变量名称	观测值	最大值	最小值	均值	方差
resdepend	1 520	0.608	0	0.131	0.125
pantent	1 520	5 787.000	0	196.423	519.351
ln patent	1 520	8.663	0	3.867	0.351
highpolicy	15 20	1.000	0	0.143	0.351
pinvest	1 520	2.113	0.056	0.560	0.274
govtec	1 520	0.206	0	0.008	0.008
ln humanc	1 520	2.790	-4.576	0.425	1.177
pfdi	1 520	0.271	0.00 004	0.016	0.021
scale	1 520	1.000	0.048	0.335	0.215
pgdp	1 520	19.965	0.009	2.511	2.347

(4)实证检验结果分析

①国家高新区对资源依赖的直接影响。先估计国家级高新区对资源型城市资源依赖的直接影响。运用双重差分方法来评估国家高新区对资源型城市资源依赖的净效应。回归结果报告在表5-2中。

在表5-2中,第(1)列是没有加入控制变量时的估计结果,第(2)列是加入控制变量但没有控制时间和地区效应的估计结果,第(3)列表示既加入控制变量,又控制时间和地区效应的估计结果。结果表明,不论是否加入其他控制变量,核心解释变量highpolicyp的回归系数均显著为负,这表明国家高新区的设立显著降低了资源型城市对资源的依赖,促进了资源型城市的制造业向中高端技术领域转型。

表5-2 国家高新区对资源依赖的效应

解释变量	resdepend(被解释变量)		
	(1)	(2)	(3)
highpolicy	−0.061*** (−6.71)	−0.062** (−2.47)	−0.061** (−2.27)
govtec		−1.455** (−2.37)	−1.529** (−2.17)
humanc		−0.012 (−1.15)	−0.013 (−1.08)
pfdi		−0.433 (−1.66)	−0.462 (−1.65)
pinvest		−0.018 (−0.81)	−0.024 (−0.63)
scale		0.108 (1.56)	0.107 (1.52)
pgdp		0.009** (2.31)	0.008 (1.61)

续表

解释变量	resdepend（被解释变量）		
	（1）	（2）	（3）
cons	0.141*** (40.96)	0.114*** (5.45)	0.106*** (5.22)
年度效应			控制
省份效应			控制
观测值	1 520	1 520	1 520
R^2	0.028	0.128	0.133

注：所有回归均采用以地区为聚类变量的聚类稳健标准误；括号中为 t 值。全书同上。

*、**、***分别表示显著性水平为10%、5%和1%。全书同上。

②作用机制检验。依据模型(5-1)和模型(5-2)，需先检验国家高新区对资源型城市创新的影响，然后再检验国家高新区政策变量与创新变量的交互项对资源依赖的作用是否显著。结果报告在表5-3中。

表5-3中的 highpolicy × ln patent 表示 highpolicy 与 ln patent 的交互项。第(1)列是没有加入控制变量时国家高新区对资源型城市创新作用的估计结果，第(2)列是加入控制变量后国家高新区对资源型城市创新作用的估计结果，第(3)列表示没有加入控制变量时国家高新区与创新交互项对资源依赖的估计结果，第(4)列表示加入控制变量后国家高新区与创新交互项对资源依赖的估计结果。可以看出，不论是否加入控制变量，核心解释变量 highpolicy 的回归系数显著为正，表明国家高新区对资源型城市创新能力的提升具有显著的促进作用。可以进一步看出，不论是否加入控制变量，国家高新区与创新交互项 highpolicy × ln patent 的回归系数均显著为负，这表明国家高新区的确是通过提升资源型创新水平来降低资源型城市的资源依赖，创新是国家高新区降低资源依赖的作用机制。

表 5-3 国家高新区影响资源依赖的作用机制检验

解释变量	ln patent（被解释变量）		resdepend（被解释变量）	
	（1）	（2）	（3）	（4）
highpolicy	1.951***	0.547**		
	（17.61）	（2.48）		
highpolicy × ln patent			−0.011***	−0.011**
			（−6.80）	（−2.48）
pinvest		2.033***		−0.278
		（8.46）		（−0.71）
govtec		2.077*		−1.496**
		（1.94）		（−2.14）
humanc		0.467***		−0.014
		（6.13）		（−1.07）
pfdi		−4.645*		−0.445
		（−2.37）		（−1.60）
scale		3.972***		0.106
		（3.13）		（1.50）
pgdp		0.204***		0.009
		（6.13）		（1.65）
cons		0.522		0.102***
		（1.08）		（4.90）
年度效应		控制	控制	控制
省份效应		控制	控制	控制
观测值	1 520	1 520	1 520	1 520
R^2	0.16	0.66	0.13	0.13

国家高新区在优惠政策、知识产权环境等方面存在多重优势，集聚企业拥有较大的创新需求，为创新活动的发生提供了良好的条件。国家高新区在与城市中其他经济主体的互动过程中，有助于强化互相学习效应和知识溢出效应，提升整个城市的创新能力。一方面，技术创新有助

于传统的资源型产业升级,降低资源投入;另一方面,创新有助于打破原有资源依赖的均衡,通过新知识、新技术、新创意等创新内容促进新产业的产生,进而改变依赖资源的发展路径,为摆脱以资源依赖为主要表现形式的低端锁定困境提供动力。

③稳健性检验。从考虑滞后期与倾向评分匹配两个方面进行稳健性检验,结果报告在表5-4和表5-5中。结果表明,不论是考虑滞后期还是采用倾向评分匹配进行再次回归后,国家高新区对资源依赖的抑制作用依然存在,其通过创新作用于资源依赖的效应也依然存在。进一步证实了研究结果的稳健性。

表5-4 滞后两期的回归结果

解释变量	resdepent（被解释变量）		ln patent（被解释变量）		resdepent（被解释变量）	
	(1)	(2)	(3)	(4)	(5)	(6)
highpolicy	−0.059*** (−2.38)	−0.060*** (−2.06)	1.813*** (8.24)	0.484** (2.37)		
highpolicy ×ln patent					−0.011*** (−2.81)	−0.011*** (−2.37)
pinvest		−0.038 (−0.90)		−0.133*** (−0.45)		−0.042 (−0.99)
govtec		−1.861 (−1.57)		5.421*** (6.17)		−1.809 (−1.52)
humanc		−0.014 (−1.06)		0.500*** (8.26)		−0.013 (−1.046)
pfdi		−0.659** (−2.32)		3.515 (1.44)		−0.649** (−2.29)
scale		0.104 (1.48)		0.318 (1.02)		0.014 (1.47)

续表

解释变量	resdepent（被解释变量）		ln patent（被解释变量）		resdepent（被解释变量）	
	（1）	（2）	（3）	（4）	（5）	（6）
pgdp		0.010* （1.90）		0.034*** （8.26）		0.011* （1.98）
cons	0.138*** （10.22）	0.121*** （5.80）	3.887*** （42.97）	2.416*** （15.59）	0.138*** （10.28）	0.121*** （5.78）
年度效应	控制	控制	控制	控制	控制	控制
省份效应	控制	控制	控制	控制	控制	控制
观测值	1 330	1 330	1 330	1 330	1 330	1 330
R^2	0.025	0.132	0.143	0.731	0.026	0.133

表5-5 倾向评分匹配的平均处理效应估计

被解释变量	匹配方法	实验组平均处理效应	系数	t值
resdepend	K近邻匹配	0.077	−0.058***	−6.43
	半径匹配	0.075	−0.071***	−7.02
	核匹配	0.078	−0.082***	−8.29
	马氏匹配	0.079	−0.091***	−12.20

2. 西南地区的现状

截至2020年，西南地区已获批成立了9个国家级高新技术产业开发区，分别是南宁国家级高新技术产业开发区、桂林国家级高新技术产业开发区、柳州国家级高新技术产业开发区、北海国家级高新技术产业开发区、贵阳国家级高新技术产业开发区、昆明国家级高新技术产业开发区、安顺国家级高新技术产业开发区、玉溪国家级高新技术产业开发区及楚雄国家级高新技术产业开发区。❶

---

❶ 数据来源于《中国统计年鉴2021》中的国家高新区主要经济指标条目。

从数量上来看，与发达地区广东相比，广东已获批成立了14个国家级高新技术产业开发区，占广东地级行政区数量的比重为67%，而西南地区国家级高新技术产业开发区数量较少，仅有9个，占西南地区地级行政区数量的比重也较低，仅为23%。

由于国家级高新技术产业开发区数量较少，国家高新区通过提升技术创新水平降低资源型产业的资源依赖，延长资源型产业价值链，进而推动资源型产业突破低端锁定困境的整体效能受到限制。如何优化西南地区国家级高新区空间布局，改善西南地区创新环境，是西南地区资源型产业突破低端锁定困境的重要方向。

5.2.2 创建知识产权示范城市的影响：经验证据及西南地区的现状

国家知识产权局于2011年印发《国家知识产权试点和示范城市（城区）评定办法》，标志着中国知识产权示范城市建设战略正式启动。知识产权示范城市建设采取了以制度设置改善区域创新环境的新举措。提升知识产权服务业与制造业的融合发展水平也是知识产权示范城市建设的重要内容。资源型产业分类中有诸多制造业门类，因此，加强知识产权示范城市建设有利于促进知识产权服务业与资源型产业的融合发展。知识产权示范城市建设的直接目标是推动区域知识创新，最终目标是通过发挥知识产权在区域创新驱动发展中的作用，为产业突破低端锁定困境提供更为优越的创新环境。

基于此，本书采用2003—2016年中国270个城市面板数据，运用双重差分方法考察知识产权示范城市建设对工业技术创新的影响。一方面，技术创新水平是衡量资源型产业是否面临低端锁定的评价指标之一；另一方面，资源型产业属于工业中的重要部门。为此，本部分研究结论也能在一定程度上反映知识产权示范城市建设对资源型产业技术创新的

第5章 西南地区资源型产业低端锁定困境的影响因素分析

影响,进而间接反映知识产权示范城市建设对资源型产业突破低端锁定的影响。

1. 实证分析过程

(1)数据样本采集

本书将知识产权示范城市建设作为知识产权治理模式的一次准自然实验。知识产权示范城市建设主要是以地级市为空间单元逐步推广,因此本书选取2003—2016年全国270个地级及以上城市为研究样本。其中,选取2003—2016年作为研究的时间范围,主要原因是:一是考虑到地级市城市区划的调整,以保证研究区域的连续性;二是在测度被解释变量知识密集型服务业就业占比时,需要保证知识密集型服务业统计口径的一致性,由于2002年及其以前年份的中国城市统计年鉴对知识密集型产业的分类标准不统一,因此,选取2003年作为研究的起始年份,以保证统计指标的一致性。选取全国270个地级及以上城市为研究样本,主要原因是:一是由于西部省(区)部分城市层面数据不可得,故将这些样本剔除;二是由于知识产权示范城市建设政策是在不同年份分批实施的,加之政策产生实际效果存在一定的时滞性,为了尽量延长政策评估的时间范围,故将2016年国家公布的第四批知识产权示范城市删除;三是虽然北京、上海、天津及重庆四个直辖市也获批建设知识产权示范城市,但仅是选择其中若干个区作为试点区域,考虑到城市行政区划的整体性,故将此四个直辖市删除。由此得到270个地级及以上城市研究样本,围绕知识产权示范城市建设的这一准自然实验,最终获得样本观测数量为3780的平衡面板数据。

数据来源于2004—2017年中国城市统计年鉴,部分城市有些年份数据缺失,则通过该城市所在省(区)的统计年鉴进行补齐。

(2)变量定义

①被解释变量。工业技术创新水平tech,用"服务业从业人数占工业从业人数"比重表示。因为工业内部结构升级是其突破低端锁定的重要

指标。而知识产权示范城市建设有助于提升工业技术创新水平,进而提高工业劳动生产率,释放了工业的就业人口,从而导致流向服务业的从业人数增加。因此,用"服务业从业人数占工业从业人数"比重能够较好反映工业内部结构升级状况,如果该值越大,则表明工业劳动生产率越高,产业内部结构越优化,突破低端锁定的能力就越强。

②解释变量。核心解释变量为受到知识产权示范城市政策影响的处理组虚拟变量与时间分组变量的交互项treat×post,将获批建设知识产权示范城市的城市作为处理组,未获批的城市构成研究的对照组。通过以下途径获得270个城市是否获批建设知识产权示范城市:将270个城市名单与国家知识产权局网站公布的截至2015年获批的知识产权示范城市名单进行匹配,结果显示共有48个城市在不同年份获批建设知识产权示范城市,构成处理组,其余222个城市构成研究的控制组。

城市获批建设知识产权示范城市的时间并非同一年,属于多期双重差分模型。因此,在设置知识产权示范城市政策的分组虚拟变量和政策实施虚拟变量时,与传统的双重差分法存在略微差异:参照袁航和朱承亮的做法[66],在对treat进行赋值时,将270个城市中获批建设知识产权示范城市的城市作为处理组,并将其赋值为1,其余城市为对照组,且赋值为0。结合处理组城市获批知识产权示范城市年份的不同,将获批当年及其以后年份的post设置为1,获批之前设置为0,其余城市设置为0,然后生成核心解释变量treat×post。

③中介变量。宏观经济环境macroeco,选取"人均国内生产总值"来度量宏观经济环境。

④控制变量。主要包括:①政府科技投入水平govtec,采用"政府科技支出占财政支出比重"来测度。②对外开放open,采用"实际利用外资占国内生产总值比重"来测度。③文化资本culture,采用"人均公共图书拥有量"进行衡量。④城市化发展水平urban,采用"市辖区人口占城市总人口比重"来衡量城市化水平。⑤信息化水平lnnet,采用

"国际互联网用户数"的对数来进行测度。

(3)计量模型

采用双重差分方法进行实证检验。参照贝克等、刘瑞明和赵仁杰的普遍做法[124-125],构建如下计量模型

$$\text{tech}_{i,t} = \beta_0 + \beta_1 \text{reat}_i \times \beta x_{i,t} + \varepsilon_{i,t} \quad (5-4)$$

式中,i 表示城市,t 表示时间,$\text{tech}_{i,t}$ 为被解释变量,表示城市 i 在第 t 年的产业结构水平。treat × post 为核心解释变量。x 表示其他随时间变动的、影响城市产业结构优化升级的一组控制变量。$\varepsilon_{i,t}$ 为误差项。系数 β_1 为核心参数,表示知识产权示范城市建设对产业结构优化升级的效应,如果知识产权示范城市建设这一外生制度安排的确促进了城市群产业结构优化升级的话,那么 β_1 的系数应该显著为正。

运用温忠麟等基于 sobel 检验构造的中介效应模型进行作用机制检验[129]。设计如下计量模型

$$\text{tech}_{i,t} = \beta_0 + \beta_1 \text{treat}_i \times \text{post}_{i,t} + \beta x_{i,t} + \varepsilon_{i,t} \quad (5-5)$$

$$\text{macroeco}_{i,t} = \delta_0 + \delta_1 \text{treat}_i \times \text{post}_{i,t} + \delta x_{i,t} + \mu_{i,t} \quad (5-6)$$

$$\text{tech}_{i,t} = \lambda_0 + \lambda_1 \text{treat}_i \times \text{post}_{i,t} + \lambda_2 \text{macroeco}_{i,t} + \lambda x_{i,t} + \varphi_{i,t} \quad (5-7)$$

式中,macroeco 为中介变量宏观经济环境。$\mu_{i,t}$、$\varphi_{i,t}$ 为随机扰动项。依照 sobel 检验的基本原理,δ_1 和 λ_2 为中介效应检验的核心参数,若 δ_1 和 λ_2 均显著,则表明中介效应显著,不需进行 sobel 检验;若 δ_1 和 λ_2 中只有一个显著,则需进行 sobel 检验,若该检验显著,则中介效应显著。

(4)实证检验结果分析

①平行趋势检验。知识产权示范城市建设政策的实施年份不一致,属于多期双重差分模型,因此传统双重差分模型的平行趋势检验方法在此并不适用。为此,参照贝克等检验多期双重差分平行趋势的做法[61],设置14年的窗口期,即获批建设知识产权示范城市前的11年和获批之后的3年。在此基础上,通过分析政策的动态效应系数变化来检验是否

满足平行趋势,结果如图5-5所示。一方面,在获批建设知识产权示范城市之前,政策的动态效应系数变化基本呈现水平趋势,表明在该项政策实施前,工业技术创新水平变化趋势不明显。另一方面,在政策实施当年及其以后的3年中,政策的动态效应系数呈现快速上升趋势,且显现出正的动态效应。因此,双重差分模型满足平行趋势条件。

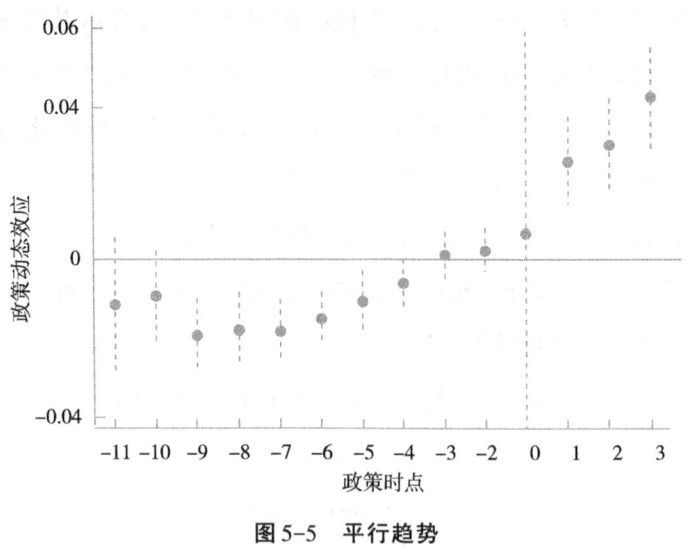

图5-5 平行趋势

②知识产权示范城市建设对工业技术创新的直接影响。在同时控制时间效应和地区效应的基础上,估计知识产权示范城市建设对工业技术创新的直接效应。结果报告在表5-6中,其中第(1)列与第(2)列分别表示没有加入控制变量与加入控制变量的估计结果。在没有加入控制变量时,核心解释变量treat×post的系数在1%水平上显著为正,在加入控制变量后,核心解释变量treat×post的系数依然在1%水平上显著为正。上述结果表明不论是否加入控制变量,在同时控制时间效应和地区效应后,本部分的核心解释变量treat×post的系数均显著为正,表明知识产权示范城市建设的确显著促进了工业技术创新。知识产权示范城市建设

通过知识产权制度变革推动工业转型升级,为其迈向价值链中高端创造优越的创新环境。

表5-6 知识产权示范城市建设对工业技术创新的影响:双重差分估计结果

变量	(1)	(2)
treat × post	0.109***	0.088***
	(3.70)	(2.88)
govtec		1.290***
		(2.68)
open		−0.137
		(−0.23)
culture		0.003
		(0.51)
urban		−0.008
		(−1.59)
lnnet		−0.028***
		(−1.51)
cons	1.751***	1.861***
	(20.85)	(16.65)
时间效应	控制	控制
地区效应	控制	控制
N	3 780	3 780
$Adj - R^2$	0.786	0.785

③作用机制检验。依照模型(5-6)、模型(5-7),对宏观经济环境改善的中介效应进行实证检验。模型(5-6)的检验结果依然报告在表5-6中,系数β_1显著为正,即知识产权示范城市建设显著促进了工业技术创新。依据sobel检验的步骤,需对δ_1和λ_2系数进行检验,以确定宏观经济环境改善的中介效应是否显著。结果报告在表5-7中。核心解释变量

treat×post 的系数 δ_1 在 1.000% 水平上显著为正,表明知识产权示范城市建设显著改善了城市宏观经济环境。macroeco 的系数为正,但不显著。依据 sobel 检验的步骤,需要进行 sobel 检验。结果表明 sobel 系数在 1% 水平上显著为正,sobel 检验通过.这表明宏观经济环境的改善显著推动了工业技术创新,宏观经济环境的中介效应依然显著。上述检验充分表明宏观经济环境改善效应是知识产权示范城市建设促进工业技术创新的作用机制。

表 5-7 作用机制检验结果

变量	(1) macroeco	(2) indusup
macroeco		0.001
		(0.31)
treat×post	1.736***	0.051***
	(6.20)	(3.97)
govtec	14.607***	−0.252*
	(8.53)	(−1.70)
open	−8.053***	−0.140
	(−3.92)	(−0.57)
culture	0.164	−0.002
	(1.35)	(−1.54)
urban	−0.034***	0.003***
	(−2.87)	(3.03)
lnnet	−0.188**	−0.017***
	(−2.00)	(−2.66)
cons	1.668***	−1.836***
	(4.35)	(−40.25)
时间效应	控制	控制
地区效应	控制	控制

续表

变量	(1)	(2)
	macroeco	indusup
N	3 780	3 780
Adj $-R^2$	0.686	0.733
sobel检验		0.126***
		(12.83)
中介效应		显著

④稳健性检验。采用反事实检验与考虑滞后期两种方式进行稳健性检验(表5-8)。结果均表明核心解释变量treat×post的系数依然显著为正,与上述检验结果相一致,证明了研究结论的稳健性,表明知识产权示范城市建设促进了工业技术创新的效应依然存在。

表5-8 反事实与滞后期回归结果

变量	反事实	滞后一期
treat × post	0.049	0.035**
	(0.94)	(2.56)
govtec	1.169	−0.437***
	(1.46)	(−2.60)
open	1.719***	−0.285
	(3.28)	(−1.05)
culutre	0.071***	−0.003
	(5.58)	(−0.90)
urban	0.329***	0.002**
	(8.21)	(2.40)
ln net	0.068***	−0.018***
	(6.00)	(−2.78)
cons	−2.385***	−1.759***
	(−58.86)	(−31.20)

续表

变量	反事实	滞后一期
时间效应	控制	控制
地区效应	控制	控制
N	1557	3491
$Adj-R^2$	0.216	0.728

2. 西南地区的现状

自2012年国家公布第一批知识产权示范城市创建名单开始,截至2021年,共有68个地级以上城市获批成为知识产权示范城市试点。区别于其他知识产权治理的政策,知识产权示范城市建设在具体要求及考核指标体系等方面具有明显特色,为推动技术创新,进而为资源型产业突破低端锁定提供了强有力的制度环境支撑。

知识产权示范城市主要集中在东部发达省份,西部地区较少。2012—2018年,西南地区无城市获批成为知识产权示范城市,到了2019年,西南地区仅南宁市、昆明市获批成为第六批知识产权示范城市。西南地区仅有两个城市纳入知识产权示范城市创建名单,数量较少,降低了知识产权示范城市建设在推动技术创新方面所能发挥的作用,进而为资源型产业突破低端锁定困境提供了强有力的制度环境的冲击。

5.2.3 市场化水平低,降低资源型产业突破低端锁定困境的能力

市场化环境主要包括政府与市场的关系、非国有经济发展水平、产品市场发育程度、要素市场发育程度、市场中介组织发育程度及法治环境等。市场化环境影响制造业创新活动,市场化程度的提高有助于实现资源型产业向国内价值链与全球价值链的高端攀升。

依据本书的理论分析部分,优越的市场化环境通过影响区域创新环境,进而为区域资源型产业突破低端锁定困境提供有力的外部环境支撑。运用2021年王小鲁等公布的最新市场化指数报告分析西南地区的市场化环境(图5-6、图5-7)。

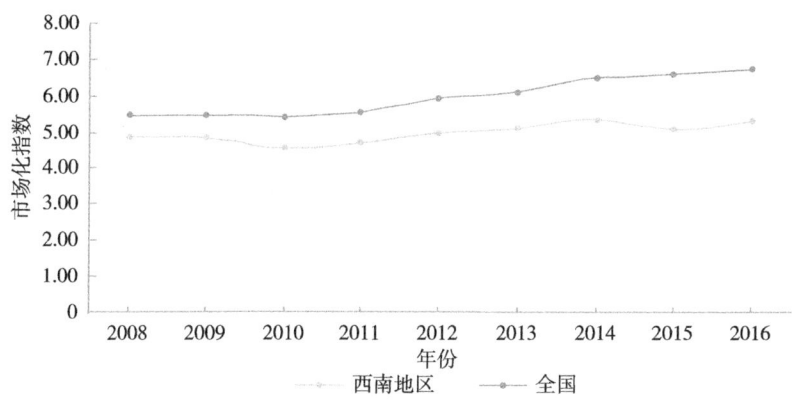

图5-6　2008—2016年西南地区及全国市场化指数

数据来源:王小鲁,胡李鹏,樊纲.中国分省份市场化指数报告(2021)[M].北京:社会科学文献出版社,2022.此报告为公布的最新市场化指数报告,报告中最新数据为2019年。

可以看出,在2008—2016年与2016—2019年两个时间段内[1],西南地区的市场化环境有所改善。2008—2016年,西南地区的市场化水平从2008年的4.87提升到2016年的5.27,增长了8.21%。2016—2019年,西南地区的市场化水平从2016年的4.79提升到2019年的5.15,增长了7.52%。

---

[1] 根据《中国分省份市场化指数报告(2021)》,由于2008—2016年市场化指数的基期是2008年,2015—2019年市场化指数的基期为2016年,因此2008—2016年市场化指数与2015—2019年市场化指数不具有可比性,故本书将其分为两个时间段进行分析。

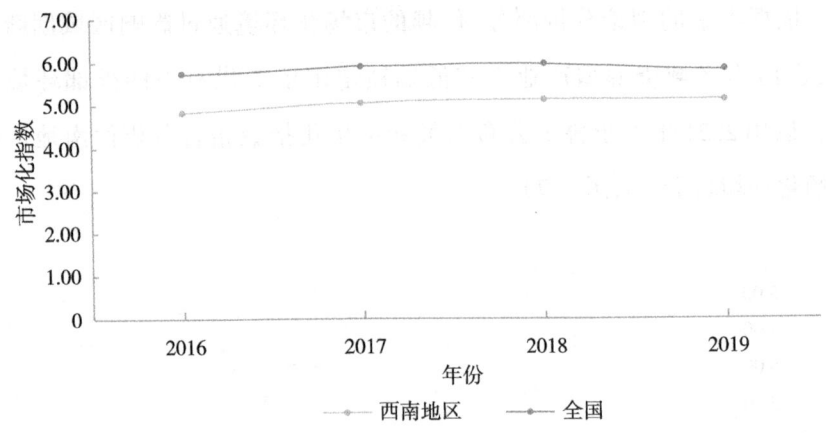

图 5-7　2016—2019 年西南地区及全国市场化指数

数据来源：王小鲁，胡李鹏，樊纲．中国分省份市场化指数报告（2021）[M]．北京：社会科学文献出版社，2022．此报告为公布的最新市场化指数报告，报告中最新数据为 2019 年。

总体而言，西南地区市场化水平提高速度较慢，且持续低于全国平均水平。西南地区市场化环境亟须大幅改善，从而为资源型产业突破低端锁定困境提供了良好的市场环境。

5.2.4　金融环境欠佳，不利于资源型产业突破低端锁定困境和融资需求的满足

资源型产业在突破低端锁定困境的过程中，需要大量的资金投入，因此，金融环境对资源型产业突破低端锁定困境的程度具有显著影响。随着数字经济的发展，数字普惠金融发展水平逐渐成为衡量区域金融环境的新指标，基于此，运用北京大学数字金融研究中心公布的数字普惠金融指数来度量西南地区金融环境（图 5-8）。可以看出，2011—2018 年，西南地区数字普惠金融指数呈现持续增长态势，表明西南地区金融环境逐步得到改善。

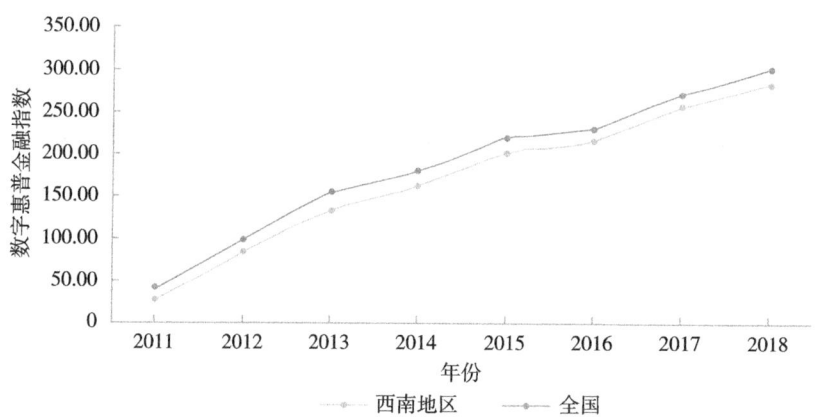

图 5-8　2011—2018 年西南地区及全国数字普惠金融指数

数据来源：北京大学数字金融研究中心公布的《北京大学数字普惠金融指数2011—2018》，该指数最新数据为2018年。

虽然西南地区数字普惠金融指数的增长态势与全国平均水平的态势保持一致，但与全国平均水平相比，西南地区数字普惠金融指数持续低于全国平均水平，表明西南地区金融发展水平仍较低，金融环境有待优化，以满足资源型产业突破低端锁定困境的融资需求。

第6章 西南地区资源型产业案例研究

为了更深入地研究西南地区资源型产业突破低端锁定困境的具体举措,通过实地调研、电话访谈、资料收集等途径获取相关产业案例,在此基础上,进行案例研究,以期为西南地区资源型产业突破低端锁定困境提供经验借鉴。

6.1 百色市铝工业突破低端锁定的实践:价值链延伸与绿色转型

百色市位于广西壮族自治区西部,现有汉族、壮族、瑶族、苗族、彝族、仫佬族及回族7个世居民族,少数民族人口占比87%,是典型的民族地区。百色市的铝矿资源丰富,已探明铝土矿资源储量达7.5亿吨,远景储量10亿吨以上,约占全国储量的1/4。依靠丰富的铝矿资源,百色市形成了以铝产业为主的资源型产业体系,铝产业逐渐成为百色市主导产业,为民族地区经济增长、民生改善做出了重大贡献。

但是,百色市的铝工业在发展过程中,也面临较为突出的低端锁定问题:一是铝工业产业链短,高附加值的产品比重较小,产品主要以初级加工产品为主,铝产品多样化不足;二是铝工业的发展对生态环境造成了不同程度的影响,超标排放废气的现象时有发生。例如,2020年,广西华银铝业有限公司涉嫌超过大气污染物排放标准排放污染物,受到行政处罚。❶为了突破低端锁定困境,百色市的铝工业采取多种举措,积极探索绿色转型与价值链延伸之路。

---

❶ 资料来源:根据百色市生态环境局网站整理。

6.1.1 政府推进铝产业发展的战略思维创新

政府的扶持为铝产业转型与升级提供了战略性的保障。为了加速铝产业转型与升级,推动铝产业迈向价值链中高端,各级政府持续推进铝产业发展的战略思维创新,不断为铝产业迈向价值链中高端提供顶层设计保障。

一是国家高度重视百色市的铝产业转型与升级。2011年国家发展和改革委员会(简称国家发展改革委)批准实施《广西百色生态型铝产业示范基地高质量发展实施方案2019—2023年》,加快全国生态型铝产业示范基地建设进程,为实现铝产业绿色发展提供强有力的战略支撑。

二是地方政府协同推进铝产业发展战略思维创新。2013年,百色市政府提出铝产业"二次创业"总体战略部署,并于2017年出台《关于加快铝产业二次创业的决定》等政策文件,为铝产业发展指明具体方向。

三是政府部门积极探索"互联网+质量服务"新模式。在广西率先开创以计量、标准、认证认可、检验检测、质量管理等为核心,以知识产权、品牌培育等为延伸的"众包一站式"质量技术服务。建设线上综合技术服务平台,建成包含2 300多份涉铝国家标准、行业标准、地方标准以及东盟标准、欧美标准的数据库,为铝产业企业提供行业咨询、标准查新及文本免费阅览服务。引导铝产业企业采用国家标准、行业标准、国外先进标准组织生产,提升产品质量和管理水平。推动组建广西铝产品标准化技术委员会,制定一系列涉铝国家标准、广西地方标准等,填补该领域广西标准空白,推动铝产业向中高端迈进。

四是政府部门积极推进百色市高水平对内对外开放,为铝产业高质量发展注入新动能。百色市地处中越两国和桂滇黔三省(区)交会处,对内辐射西南地区,连接大湾区,对外连接东盟,是面向东盟开放合作的前沿,也是西部陆海新通道节点城市。在国家发展改革委印发的《广西百色重点开发开放试验区建设实施方案》中明确提出,重点发展铝产业,打造中国—东盟铝产业基地,支持建设先进铝制造业创新中心、铝产品仓储交易中心,积极推进重点企业走出去,开拓境外铝土矿资源供应链。2023年全年进口铝土989万吨,使用进口铝土矿生产的氧化铝约占全市氧化铝总量的30%,再生铝原料和再生铝合金锭进口渠道基本打通,为新时代百色市铝产业高质量发展提供了良好机遇。

6.1.2 整合技术创新资源,迈向价值链中高端

推动技术创新是促进铝产业迈向价值链中高端的关键。百色市铝产业积极整合国内技术创新资源,促进技术创新成果嵌入百色市铝产业,为提升铝产业链价值链地位提供了强大动力,主要表现在以下4个方面。

一是与国内高校建立"产学研用"合作关系。与中南大学合作成立了中南大学材料科学与工程学院——平果铝材研究基地,与上海交通大学合作成立先进铝合金材料联合研究中心,与中国地质大学(武汉)签署战略合作协议。

二是持续推动铝产业技术创新平台内生化发展。为了增强自身技术创新能力,百色市已建成与铝产业发展相关的市级工程技术研究中心7家、自治区级工程技术研究中心4家,国家级铝产业研究院正在稳步推进。在技术创新引领下,百色市铝产业精深加工产品涉及铝板带箔、电线电缆、全铝家具、医疗器械、电子器具等中高端领域,价值链进一步向中高端迈进。深入开展"科技尖峰"项目,推动吉利百矿铝产业研究院投入使用,开展赤泥固废综合利用、再生铝高质高效生产、铝加工锻造等技术研发,为制造业企业技术研发提供支持。

三是着力推进实现技术创新引领产业创新,提高创新成果转化效率。"十四五"以来,百色市以企业为主体激发创新活力,推动资金、人才、政策等创新要素向企业聚集,支持企业建设智能示范制造工厂,促进产业科技水平的提高。

四是聚焦延伸铝产业链,增强产业链韧性。为实现高端发展,百色

市聚焦于汽车轻量化发展、动力电池铝箔、氧化铝非冶金应用等重点产业链,引进了吉利控股、中国中车、大亚科技等行业内龙头企业,研发动力电池箔、高端非冶金氧化铝、光伏组件等产品,不断丰富铝精深产品品种,铝制品附加值不断提高,实现了铝产品产业链的延伸与强化。

6.1.3 依托新能源与数字技术,促进铝产业绿色转型

为了降低铝产业发展过程中的能源消耗,实现资源—环境—生态协调发展,百色市铝产业依托新能源与数字技术,加速铝产业绿色转型。一是推进源网荷储一体化试点,大力发展风力、光伏、生物质发电,推进"风光水储一体化项目",构建新能源占比显著提升的新型电力系统,加速铝产业上游电力清洁生产,进而为整个铝产业绿色转型提供保障;二是促进数字技术与产业融合。百色市铝产业通过更新装备、采用智能化控制等措施来降低能耗,从而推进国家"双碳"目标的落实;三是推进高能耗企业节能技术改造,在百色市生态型铝产业基地认定指标中,采矿综合能耗、氧化铝综合能耗、氧化铝水耗等多项指标达到国内或国际先进水平,2023年百色市工业企业低碳产品认证证书总量和年度增量在全国地级市中均排第一位。

6.1.4 发展以再生铝为核心的循环经济,推动铝产业可持续绿色发展

百色市正积极推进以再生铝为核心的铝产业循环经济发展。主要做法包括:一是大力发展再生铝,建立面向大西南、粤港澳大湾区及东南亚的再生铝回收、分拣、交易、综合利用体系;二是建设再生铝循环经济空间载体。推进再生铝加工基地建设,持续延伸再生铝加工链条,推进保级利用和循环替代,推动铝产业可持续发展;三是优化铝资源优化配置。推进资源节约集约利用,加强铝土矿资源管理,鼓励开发利用低品

位铝土矿,全面推进铝产业固废综合利用,加速新型生态铝产业绿色化可持续发展;四是集中力量破解赤泥利用难题。赤泥是氧化铝工业产生的主要副产物,百色市现有氧化铝企业所产生的赤泥年产量超过了1 600吨,如何解决赤泥再利用问题是百色市铝产业发展的重点难题。百色市铝产业的成长历程,也是百色市积极探索赤泥综合利用解决方案的过程,当前国际认可的3种赤泥处理技术和赤泥综合利用的3种途径在百色市均已投入使用,赤泥处理技术已走在全国甚至世界前列,形成以赤泥有价元素回收为主体,道路材料为示范,全量化、高附加值以赤泥利用为突破方向进行攻关的格局。

6.2 技术与制度视角下农业资源型产业价值链攀升:柳州螺蛳粉产业的蜕变

食品工业离不开农业资源的支撑。柳州螺蛳粉产业是将传统农业种植业转型为食品工业的典型代表,是民族地区农业资源型产业发展的典范,积累了丰富的地方经验,为加速民族地区经济发展做出了重大贡献。但柳州螺蛳粉究竟是如何实现由"一碗粉"向一个大产业的蜕变的,也是研究农业资源型产业价值链攀升需要解决的现实问题。为此,结合研究的需要,本书选取柳州螺蛳粉产业作为案例,基于技术与制度协同视角探索柳州螺蛳粉产业价值链攀升之路,以期为西南地区农业资源型产业高质量发展提供决策参考。

6.2.1 柳州螺蛳粉产业发展的基本现状

柳州螺蛳粉起源于20世纪70年代后期,主要由具有地方特色的干米粉、酸笋、腐竹、酸豆角、螺蛳汤、萝卜干、花生、油果、木耳及黄花菜等原料制作而成,具有独特的爽口、酸辣及香鲜口味,深受消费者喜爱。螺蛳粉最初主要以小作坊、路边摊等经营形式为主,属于典型的地方特色小吃。但是,经过40年左右的漫长发展历程,在地方政府及技术创新的推动下,柳州螺蛳粉已经实现由"一碗粉"蜕变为一个大产业的华丽转身,且入选第五批国家级非物质文化遗产代表性项目名录,成为地方产业升级实践中极具代表性的案例。

1. 螺蛳粉产业演化过程中主要历史事件

2012—2021年是螺蛳粉产业发展过程中的重要时间节点(图6-1)。2012年,柳州螺蛳粉登上央视纪录片《舌尖上的中国第一季》,为螺蛳粉在全国的初步走红起到了极大的推动作用。2014年,第一家生产预包装螺蛳粉的企业诞生,标志着螺蛳粉从地方特色小吃升级为工业产品。2017年,在国家深入实施特色小镇建设的背景下,当地政府提出打造螺蛳粉特色小镇的发展构想,为螺蛳粉产业发展提供新的生产空间。2020年,全球新冠疫情暴发,直播带货、电商销售等新业态快速发展,推动速食类食品消费需求快速增长,在这一新的外部变革趋势下,螺蛳粉凭借其独特的口味,渐趋成为网红产品,网红效应持续得以强化,极大地促进了螺蛳粉产业发展。2021年,螺蛳粉产业发展实践入选国务院第八次大督查发现的48项典型案例,再次表明螺蛳粉地方产业发展得到国家层面的高度认可。

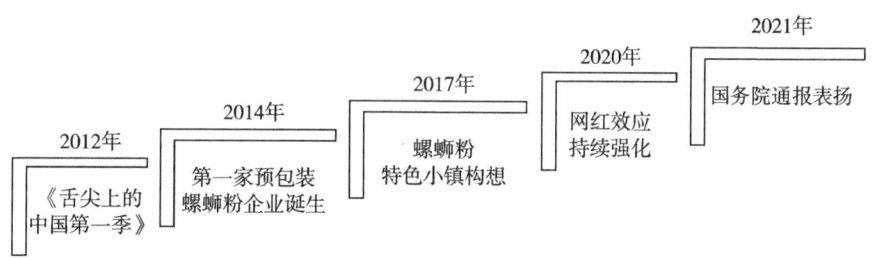

图6-1　柳州螺蛳粉产业主要历史事件

2. 螺蛳粉产业生产规模与市场规模持续扩大

螺蛳粉产业规模呈现快速增长态势,为民族地区稳增长、稳就业起到了极大的促进作用。柳州螺蛳粉产能持续增长,日均产量超500万袋。2015—2020年,柳州螺蛳粉产业产值从5亿元增长到2020年的近110亿元(图6-2),年均增速达84.8%。尤其在2020年,柳州螺蛳粉产业发展迎来新的里程碑:袋装螺蛳粉销售收入110亿元,配套及衍生产业销售收入130亿元,实体门店销售收入118亿元,创造就业岗位30多万个。❶

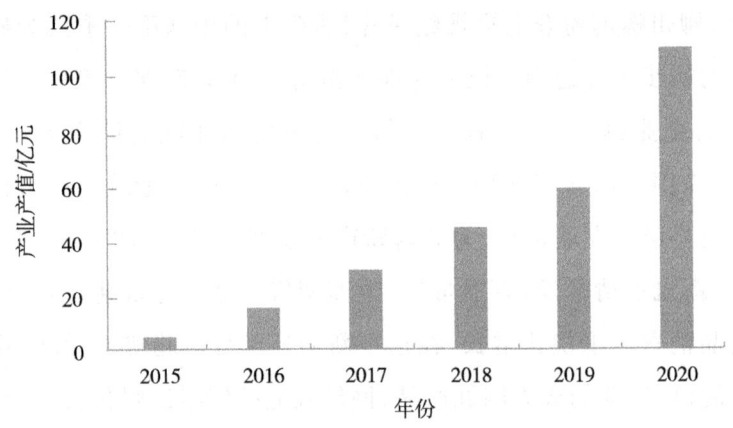

图6-2 柳州螺蛳粉产业产值情况

在市场需求方面,受到数字经济驱动,柳州螺蛳粉线上销售持续增长,网上店铺超过1.2万家,进一步助推螺蛳粉产业市场需求持续增长。2020年,柳州螺蛳粉在互联网外卖平台销量达1.3亿份❷,充分说明柳州螺蛳粉在同类型速食产品中具有较强的市场竞争力,在融入国内大循环过程中显现出极大的适应能力。同时,柳州螺蛳粉积极开拓国际市场,深度融入国际经济大循环。柳州螺蛳粉产品已出口至新加坡、南非、俄罗斯、阿根廷、德国、意大利及文莱等20多个国家,出口产值超3000万元。❸

---

❶ 柳州市商务局. 2021年上半年工作总结与下半年工作计划[EB/OL]. (2021-09-07)[2024-05-07]. http://swj.liuzhou.gov.cn/zwgk/fdzdgknr/ghjh/202109/t20210907_2909907.shtml.

❷ 数据来源于柳州市商务局发布的《柳州螺蛳粉产业大数据洞察报告》。

❸ 柳州螺蛳粉海外销量稳定[EB/OL]. (2021-03-20)[2024-05-17]. http://www.liuzhou.gov.cn/zjlz/xwzx/lzyw/202103/t20210329_2684628.shtml.

3. 全产业链发展模式初步形成

螺蛳粉生产加工企业的快速发展是驱动螺蛳粉全产业链形成的中坚力量。螺蛳粉产业上游的豆角、木耳、大米、竹笋、螺蛳等原材料种植与养殖产业已初具规模。例如,在当地螺蛳粉龙头企业的推动下,以农民合作社的形式与农户建立长期合作关系,已建成豆角基地2 500亩、竹笋基地1 300亩及螺蛳养殖基地650亩,初步构建了螺蛳粉产业上下游无缝衔接的产业链条。当地政府建设了螺蛳粉产业集聚区,推动了原料供应、生产加工、包装及销售等整个产业链条的协同集聚,尤其是通过与国内知名电商平台合作,持续提升线上营销能力,增强螺蛳粉产业链条终端价值实现功能。

6.2.2 螺蛳粉产业的价值链攀升之路

1. 技术与制度协同演化促进地方产业升级的基本逻辑

本书将制度界定为协调、组织、约束和塑造经济行为主体之间互动方式的规则系统,包括政府组织、企业组织、非政府组织、区域政策及经济主体通过协作组成的共同体等具体形式。而技术主要指生产与销售产品的各种技术集成。

地方产业具有极强的地方空间依赖性,意味着驱动地方产业演化的知识、技术与各种制度形式也具有高度地方依赖性。在地方产业的发展过程中,技术会沿着特定的方向与层次演进,驱动地方产业演化的各种制度形式也会历经数量和结构的变化。而在演化经济地理学中,技术与制度并非独立存在,两者之间存在协同演化的规律,这种规律通过嵌入实体产业,推动产业演化。地方产业属于产业群体中,基于此,构建技术和制度协同演化与地方产业发展的基本逻辑框架(图6-3)。

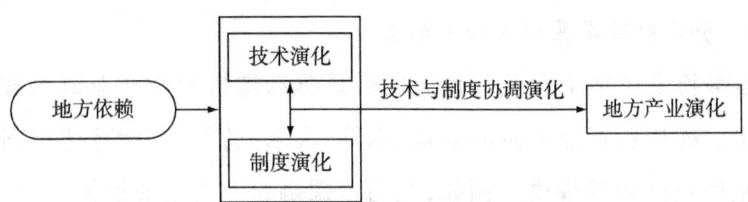

图6-3 技术与制度协同演化与地方产业关联

2. 螺蛳粉产业升级价值链攀升的具体路径:技术与制度协同演化的视角

遵循技术与制度协同演化促进地方产业升级的基本逻辑,深入剖析螺蛳粉地方产业的转型升级之路(图6-4)。

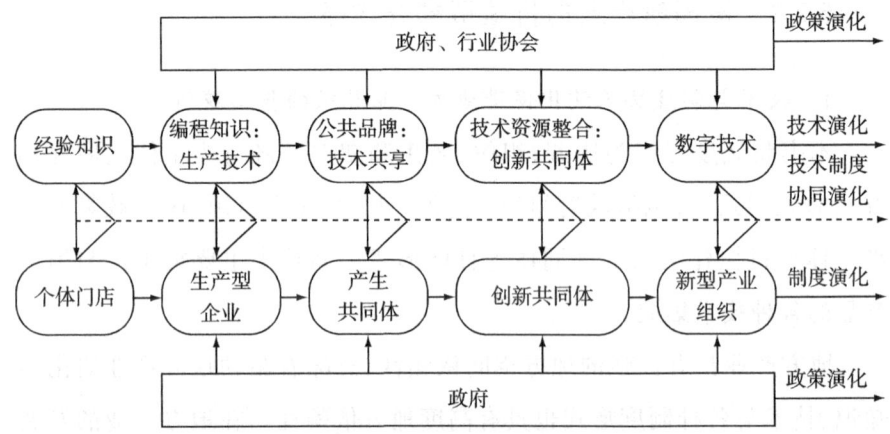

图6-4 螺蛳粉产业技术与制度协同演化逻辑

(1)制度催生技术:经验知识升级为编程知识

经验知识升级为编程知识是螺蛳粉产业升级的重要基础。自从其诞生之日起,螺蛳粉生产知识便根植于地方空间中的经营主体。柳州螺蛳粉最初的生产组织形式以小作坊、个体门店为主,在此种生产组织形式下,螺蛳粉的配料种类、数量及比例、制作技艺等经验知识也存储在个体工商户身上,这种经验知识是典型的缄默知识,个体工商户凭借这些经验知识进行螺蛳粉生产经营,从20世纪70年代的第一袋预包装螺蛳粉诞生,这种路径延续约30年。

企业家创业精神有力地推动了以个体工商户为主要制度形式的螺蛳粉经营模式向生产型企业这一现代经济制度模式转变,同时伴随着新技术的生成。第一个研发出预包装螺蛳粉产品的创业者出生于广西本土,且具有在其他地方创业经营螺蛳粉店的丰富经历,这为其充分掌握市场需求信息奠定了基础。加之该创业者故乡在广西,嵌入了本地社会关系网络,较强的地方化倾向的创业精神为其获取螺蛳粉这一具有地方特色的产品生产知识、制作技艺及产业资源提供了多种渠道,催生了加工生产预包装螺蛳粉生产型企业这一制度形式,虽然这一过程中生产螺蛳粉的经验知识已转化为标准化的生产技术知识,但仍属于市场主体的自发行为,不具有公共技术知识属性。

作为制度供给的重要载体,地方政府、行业协会等公共组织的政策演化在推动螺蛳粉技术知识标准化、共享化过程中起到关键作用。柳州市政府、柳州市螺蛳粉行业协会共同制定出台了《柳州螺蛳粉食品安全地方标准》《柳州螺蛳粉汤(配)料包生产规范》《柳州螺蛳粉生产消毒杀菌规范》及《田螺稻田生态养殖技术规范》等螺蛳粉行业标准,将生产螺蛳粉的经验知识升华为编程化的、可供规模化运用的生产技术,极大地促进了预包装螺蛳粉的工业化批量生产,充分表明柳州螺蛳粉产业化过程中制度演进催生技术演进的典型特征。

制度供给的空间跃升,推动螺蛳粉技术知识由"双点"向"双面"升级。"双点"是指省级行政区下辖的地级市("点空间")与米粉产业中的螺蛳粉产业("点产业")。"双面"是指省级行政区("面空间")与米粉产业("面产业")。柳州螺蛳粉产业是"点空间"与"点产业"组成的有机复合体。为进一步增强以柳州螺蛳粉产业为突出代表的米粉产业编程知识的溢出效应,广西出台了《加快推进柳州螺蛳粉及广西优势特色米粉产业高质量发展实施方案》等省级政策,实现米粉产业由"双点"向"双面"

升级,加速螺蛳粉产业的编程知识的空间扩散与整合(表6-1)。

表6-1 螺蛳粉产业主要政策

政策公布时间（年份）	相关政策
2016	《促进柳州螺蛳粉产业发展的实施方案》提出建设螺蛳粉标准体系,建设螺蛳粉产品研发中心
	《食品安全地方标准柳州螺蛳粉》将螺蛳粉食品安全知识标准化
2018	《柳州市全面推进螺蛳粉产业升级发展的若干政策措施》提出振兴螺蛳粉传统工艺,支持螺蛳粉企业技术改造与技术创新
	《柳州螺蛳粉原材料示范基地认定办法》将螺蛳粉原料生产知识标准化
	《柳州螺蛳粉产业发展规划(2018—2022)》提出设立柳州螺蛳粉质量检测中心等
2019	《柳州市提升质量安全推动地方特色食品产业高质量发展实施方案》提出推动螺蛳粉产业科技集成化发展
	《柳州市科技创新支撑工业高质量发展行动方案》提出推进袋装螺蛳粉产业新技术、新工艺研发
2020	《柳州螺蛳粉汤(配)料包生产规范》《柳州螺蛳粉生产消毒杀菌规范》《田螺稻田生态养殖技术规范》
2021	《加快推进柳州螺蛳粉及广西优势特色米粉产业高质量发展实施方案》提出培育螺蛳粉生产企业升级为高新技术企业、推进螺蛳粉大数据平台建设与核心技术攻关

(2)技术知识的升级:品牌形象塑造推动产业共同体组织的生成

品牌是产品技术知识的形象化表达,政府在螺蛳粉品牌形象塑造过程中起到了积极的推动作用。一是拓宽螺蛳粉品牌营销渠道。当地政府积极参加广交会、东博会、斯里兰卡展等国内外大型展会,并举办螺蛳粉美食节、预包装螺蛳粉品牌评比等活动,依靠品牌营销渠道的拓宽提升螺蛳粉品牌知名度;二是积极推动螺蛳粉商标注册。在当地政府大力推动下,国家知识产权局已经核准注册"柳州螺蛳粉"为地理标志证明商标,确立了柳州螺蛳粉柳州制造的行业认同准则,之后又入选广西首批"桂字号"区域公共品牌,进一步强化了螺蛳粉地方产业的地方根植性。此外,螺蛳粉品牌的国际化进程也加速推进。柳州螺蛳粉已在英国、法国、巴西及缅甸等18个国家获准注册国际商标。

从国内品牌到国际品牌的演化,强化了柳州螺蛳粉产品的市场辨识度,是柳州螺蛳粉产业超越地方空间,迈向全球空间,进而推动地方经济深度融入国内国际"双循环"新发展格局的重要载体。

品牌形象塑造极大地促进了柳州螺蛳粉技术知识的传播,推动了技术知识共享化,加速了螺蛳粉产业共同体组织形式的演变,具体表现在以下两个方面。

一是在品牌的引领与驱动下,建立"龙头企业+合作社+基地"的生产联合体,以保证产品质量。柳州螺蛳粉的螺蛳、竹笋、豆角等主要原料具有极强的地方根植性,是影响螺蛳粉品质的重要因素。通过采取"龙头企业+合作社+基地"的农业产业化联合体模式,实现原料本地化生产,为螺蛳粉持续保持独特口味提供高品质原料。

二是产业集聚区为产业共同体种群壮大提供组织载体。为推动螺蛳粉产业规模化、集群化发展,当地政府建设了螺蛳粉产业园、螺蛳粉特色小镇等螺蛳粉产业集聚区,为螺蛳粉产业生产、销售提供空间载体,推动螺蛳粉生产企业种群数量持续增长。2020年,螺蛳粉产业园区已入驻企业38家,日产能为120万袋,螺蛳粉小镇已入驻企业11家,日产能为10万袋,集聚效应逐渐显现。

(3)技术资源整合升级:衍生技术创新的制度载体

地方政府、科学技术协会等公共服务组织在推动柳州螺蛳粉技术创新资源整合上发挥了主导作用,并在此基础上促进技术创新组织的产生与演变,有助于形成技术与制度互动共生的地方产业演化系统。

一是充分发挥"科创中国""知识产权示范城市"试点城市的制度优

势,制定知识产权强市政策体系,助推螺蛳粉企业技术研发,实现了螺蛳粉自动化生产技术自主创新发明"零"的突破。

二是推动政府、大学、研发机构组建螺蛳粉技术创新共同体。与地方高校深度合作,共建螺蛳粉产业学院、螺蛳粉工程技术研究中心等技术创新共同体,实现地方产业科技创新资源有效整合,提升新技术、新产品研发水平,增强适应市场多样化需求的能力。

三是整合政府、大学、非政府组织、企业等人力资本资源,成立了螺蛳粉产业标准化技术委员会这一新型组织,为螺蛳粉地方产业发展提供技术支撑,推动螺蛳粉产业技术创新与价值实现。

四是举办螺蛳粉创新创业大赛,并将其制度化、常态化,为整合分散的创新资源搭建平台,构建了人才及创意涌现的新机制。

(4)实施"双重"数字化升级,壮大新兴产业组织种群

数字经济的快速发展进一步为螺蛳粉产业升级注入新的"强心剂"。螺蛳粉产业大力推进以生产数字化与营销数字化为主的"双重"数字化升级,助推新兴产业组织种群规模壮大。

在生产数字化升级方面,螺蛳粉企业与通信等数字企业合作,采用数字技术监控原料生产、加工制造等价值链环节,严格控制螺蛳粉产品质量,为产品质量提升提供数字技术支撑。生产的数字化升级,一方面,直接推动地方数字经济组织演化,也间接带动螺蛳粉生产企业数字技术部门的建立与成长;另一方面,提高了螺蛳粉产品的市场认可度,催生了更大需求,提升螺蛳粉产业的市场竞争力。

在营销数字化升级方面,政府凭借制度优势加速数字技术与螺蛳粉产业融合,衍生了新兴产业组织。当地政府将螺蛳粉直播带货基地嵌入高新技术产业开发区,培育直播带货企业新业态,推动了直播带货企业组织的涌现。螺蛳粉生产企业也迅速把握数字技术带来的新机遇,通过市长带货、明星带货、电商销售等新途径,加速螺蛳粉"走红"全国乃至国际市场。营销的数字化升级,提升了螺蛳粉产品知名度与美誉度,也激

发了消费者出行旅游、饮食文化现场体验等更深层次的消费意愿,极大地激活了关联产业基因,也促进了政府组织效能的外化。

地方政府充分利用螺蛳粉文化的产业关联效应,建设了螺蛳粉饮食文化博物馆、古镇螺蛳街及螺乐园等螺蛳粉文化旅游空间,大力发展以现场观摩螺蛳粉企业制作工艺、自制螺蛳粉等为主要形式的体验式和"沉浸式"深度旅游新业态。此外,也积极推动螺蛳粉主题的动漫电影、游戏、卡通人物及卡通玩偶等文化产品设计与生产,延长螺蛳粉产业价值链。从而催生"工业+旅游""工业+文化"等新型产业融合组织形式,促进地方产业种群结构不断完善,助推螺蛳粉产业价值链升级。

6.2.3 螺蛳粉产业案例的启示

选取柳州螺蛳粉产业作为本书的案例,基于技术与制度协同演化视角,研究民族地区农业资源型产业价值链攀升之路。主要启示如下。

一是技术与制度协同演化是助推地方产业实现规模与质量升级的重要动力。高水平的技术创新能够提高产品附加值,推动产业迈向价值链、创新链的中高端,进而推动资源型产业转型升级。完善的创新制度政策是技术创新助推产业升级的重要支持。因此,应重视产业转型升级路径中技术与制度协同发展,让技术创新需求引导制度制定,同时,完善的创新制度也为技术创新提供了保障。

二是政府是加速地方产业制度组织创新与技术创新的中坚力量。地方政府是当地创新环境建设的关键主体,对城市创新发展产生重要的影响。一方面,创新发展需要连贯性的政策保障和资源投入。在财政分权体制下,地方政府具有一定的财政自主权和资源分配权,只有政府部门给予足够的支持,才能保证创新活动的持续开展。另一方面,创新是地方政府考核的重要指标。与早期唯国内生产总值论的政绩观念不同,当前我国的政府政绩考核指标中加入了创新、环保等指标,在新的考核指标下地方政府有更高的积极性推动创新发展,有利于当地产业创新的持续和稳定发展。因此,应重视政府在创新驱动发展中发挥的关键枢纽作用,增加创新指标在政府政绩考核中的比重,为产业创新营造良好的氛围。

三是现代企业组织、企业家创业精神及公共服务组织三者协同,有助于激活地方产业的知识基因,进而衍生标准化技术知识、实现产业价值链升级。现代企业组织作为产业转型升级的主体,是产业转型升级路径中的主导者。企业家创业精神和公共服务组织在提高创业积极性和创业保障的同时,能够实现经验知识向技术知识的转化,引导产业向规模化、科学化方向发展,从而极大地推动了产业规模的扩大和产业价值链的升级。

四是蕴含技术知识的地方产品品牌演化有助于形成与地方产业紧密相连的产业共同体。一般来说,能够进行品牌建设的地方产品,在历史、内涵以及认可度等方面已经发展到了一定程度,受到企业、政府部门、相关行业协会和当地群众的共同维护和协作。地方产品品牌具有鲜明的地方特色和不可复制性,因此地方产品品牌的建设是区域内的优势资源。当地方产品拥有了技术知识的加持,便能够引导地方产业实现规模化、现代化发展,有利于从文化、旅游、工业等各个方面为当地带来竞争优势,形成与地方产业紧密相连的产业共同体。

五是地方产业数字化升级加速催生出新兴产业组织,是地方产业价值链延伸的新动力。实体经济是现代经济产业体系的基础,而数字经济则是推动实体经济转型升级的加速器。近年来,数字技术广泛应用于生产、销售、流通等环节,大幅提高了生产和流通效率,孕育出一系列的新型工商业发展模式,催生出相当数量的新兴产业组织,极大地丰富了现代化产业体系,助推实体经济蓬勃发展。在服务领域中,人工智能、大数据以及区块链等先进数字技术与民生服务相结合,推动了线上医疗、在线教育、移动支付、智慧生活等服务业新模式的产生与应用,实现了传统产业价值链的延伸与优化。

6.3 个旧市有色金属产业：价值链攀升与绿色产业集群

个旧市位于云南省东南部、红河北岸，世居汉、彝、回、苗、傣等民族，少数民族人口占比37%。个旧市的锡、铅、锌、铜等矿产资源丰富，尤以锡矿最为出名，是世界最大的锡生产加工基地、全国最大的锡化工中心、锡材中心和砷化工中心。❶以丰富的锡、铅、锌、铜等矿产资源为依托，个旧市逐渐形成以有色金属产业为主导的产业结构，是民族地区产业发展和经济增长的重要支撑。

个旧市锡业开发是我国第一个五年计划中的重点项目之一，为国家直接纳税超百亿元，为国家建设和边疆发展作出了巨大贡献。但是作为资源型产业，个旧市有色金属产业在发展过程中，面临一定程度的低端锁定困境，具体表现在：一是有色金属行业中的小型企业数量较多，高耗能、粗放型发展方式尚未根本改变；二是技术创新能力较弱，产业链条短，产业高附加值产品生产能力不足；三是在有色金属产业长期发展过程中，个旧市重金属污染形势严峻，绿色转型升级任重道远；四是历史遗留的废弃工矿场地、尾矿库和废弃矿山较多，导致区域内的整体生态环境被割裂。2007年，国务院正式批复将个旧市纳入首批资源枯竭型城市转型试点，实施专项转移支付政策，极大地促进了个旧市经济社会的转型发展。

为了突破有色金属产业面临的低端锁定困境，个旧市积累了丰富的经验。为此，本书重点从价值链攀升与绿色产业集群两个维度分析个旧市有色金属产业突破低端锁定困境的实践。

6.3.1 企业组织变革与空间集聚，助推采选链条提质增效

为了解决有色金属矿采选企业规模小、数量多的现实问题，个旧市

---

❶ 相关资料和数据来源于个旧市人民政府网站。

通过金融支持、技术改造、流程再造、品牌建设等方式,引导364家民营小选厂自主转产转型、兼并重组为20家企业。为强化有色金属矿区的资源高效集约利用和污染物集中治理,将51个金属矿山采矿权整合为8个,倒逼产业绿色转型。通过推动企业组织结构的变革,有色金属产业规模效益得以提升。

个旧市通过建设北部选矿试验示范工业园区,为锡矿选矿企业空间集聚提供平台。在此基础上,个旧市建立项目调度联席会议制、挂钩包保责任制,积极推动锡矿选矿企业入驻选矿试验示范工业园区,促进了土地资源的节约和集约利用,生产能耗显著降低,为绿色发展提供了空间载体,取得了显著经济效益。2020年,个旧市北部选矿试验示范工业园区已有16家企业入驻,实现工业总产值17.8亿元,成为全国规模最大、最集中的选矿产业集群。

6.3.2 向锡产业链末端延伸,壮大关联企业规模与质量

锡矿的采选与冶炼是整个锡产业链中相对前端的环节,附加值较低。为了延伸锡产业链,提高产业附加值,个旧市依托工业基础和资源优势,以资源经济和园区经济为抓手,把有色金属及稀贵金属产业集群向下游延伸,作为工业发展的重点。采取"产业链延伸+产业更新"的复合模式,将每年80万吨的锡、铜、铅、锌、银从冶炼环节延伸至高附加值的制造环节,加快发展以锡、砷为主的精细化工材料,以锡及锡基新材料和铟及铟基新材料,以锂离子电子材料为主的电池材料,全产业链重塑有色金属及新材料产业的新优势。

随着有色金属产业链的持续发展,为本土企业的培育和吸引外部企业落地创造了优越环境。已吸引比亚迪公司、戊电靶材公司及惠科集团等知名企业落户个旧市,有色金属精深加工、新材料、电子信息等下游产业规模持续壮大,从铅、锌、银等基础金属逐步向高端合金、高纯金属领域转型,促进了个旧市有色金属产业集群的逐步形成。

6.3.3 外部技术嵌入,加速有色金属产业绿色转型

个旧市矿产资源丰富,在长期的开采过程中,受限于技术水平,矿山的多种有价金属一直难以完全回收利用,历史遗存有2700万吨冶炼废渣和2.5亿吨尾矿,对生态环境造成威胁。

为此,为了发挥自身优势、弥补不足,个旧市积极引进环保科技企业,将外部技术与自身资源有机结合起来。例如,个旧市引进鑫联环保科技股份有限公司,通过从有色金属生产过程中产生的废渣、烟尘中提炼有价金属,生产相关产品,实现了遗存冶炼废渣和尾矿清洁循环利用,以高新技术盘活了本地资源存量。此外,相关企业还积极加快数字技术应用进程,包括选矿设备智能化改造、打造企业上云服务等平台,建设以生产可视化智能监控中心、生产智能过程控制中心和IT支持服务中心为基础的智慧工厂,对生产数据进行采集分析。以锡冶炼生产过程的现实问题为导向,借助新一代信息技术,统一生产管理过程的数据源,对生产管理进行规范和优化,实现从原料选择、采购、进厂、计量、加工到出厂的全过程数字化管理,有效促进了个旧市锡产业的绿色转型升级。

6.3.4 打造跨界技术创新共同体,助推高附加值产品生产

技术创新是推动有色金属产业实现价值链攀升的关键。一是依据新能源产业发展的广阔前景,个旧市与比亚迪共同组建比亚迪个旧市有色金属产业融合发展联合研究所,实现新能源汽车与有色金属产业的跨界融合共生,为技术研发提供合作平台。二是积极推进产学研用合作进程。个旧市有色金属产业与中国矿业大学、北京矿冶研究院、昆明理工大学等省内外科研院所建立了长期合作关系,为有色金属产业生产工艺改进和新产品开发提供强大的智力与技术支撑,助推产业价值链向中高端迈进。

6.3.5 盘活历史遗留废弃工矿场地价值,实现多元化发展

个旧市历史遗留的废弃工矿场地点多面广,不但破坏了生态环境,影响了生物多样性,同时还存在着土壤金属污染和地表沉陷等问题,对当地群众的生活造成了严重影响。为了弥补个旧市长期以来粗放的有色金属采选加工产业对生态环保的历史欠账,个旧市对历史遗留废弃工矿场地进行了整治和生态修复。

一方面,积极探索生态资源指标和产权交易,实现废弃工矿场地价值利用最大化。将废弃矿场土地平整、矿山生态修复、林业生态修复等生态资源修复类项目中产生的矿石、土地指标和林业资源,通过指标交易、产权交易、经济林交易来实现废弃土地的再利用,以此实现生态类项目自身收支平衡。将废弃工矿场地修复,嵌入其后续产业发展过程,支持企业开展矿山修复整治,建设矿山生态公园,以生态文旅产业运营为支撑,按比例与项目建设企业分享公园运营收益,在提高了民间企业参与矿山修复项目积极性的同时,降低了政府生态修复成本,将废弃矿山变为绿水青山,搭建起绿水青山与"金山银山"之间的桥梁。

另一方面,结合有色金属矿区产业转型的实际情况,引入多元化的产业。在区域生态环境治理与修复的基础上,积极探索产业融合发展,以特色有色金属产业为引领,发展"矿区+产业园区""矿区+生态公园"等创新产业发展模式,由此,个旧市特色工业园区、冶金加工产业区、电子信息产业园等产业园区得以建设,进而形成个旧市特色产业集群。

6.4 普洱市农业产业价值链攀升:将资源经济做绿做新

普洱市位于云南省西南部,山区面积占全市总面积的98.3%,是云南省面积最大的地级市。下辖一区九县,有哈尼族、彝族、傣族、佤族等26

个民族,少数民族人口占比达61.2%。普洱市地处北纬22°02′~24°50′,东经99°09′~102°19′,有北热带、南亚热带、中亚热带、北亚热带和温带5个气候带类型,受亚热带季风气候的影响,普洱市大部分地区常年无霜,气候适宜,自然资源丰富,是中国最大的茶产区之一,被誉为"世界茶都""中国咖啡之都"。农业产业是普洱市建设国家绿色经济试验示范区的重要支撑产业,但同样存在着科技含量不高、市场开发不足、品牌培育不够、整体竞争力较弱等低端锁定问题。近年来,普洱市全力做好农业产业转型升级,多种措施齐头并进,呈现出"资源禀赋好、品种特色鲜明、产品质量优、发展空间大"的发展特点,筑牢了农业产业发展的基础,促进了农业产业价值的转型升级。

6.4.1　政府统筹引领,为产业转型升级保驾护航

政府实施的产业发展战略是产业转型升级的重要引领和保障。为了解决普洱市产业低端锁定问题,推动产业链转型升级,市政府不断运用创新思维、战略思维。

一是政策引领。近年来,普洱市发布《普洱市建设绿色经济示范区的指导意见》《普洱市建设绿色经济示范区的实施方案》《普洱市教育体育局关于印发普洱茶、普洱咖啡、普洱橡胶、普洱康体养生4个产教融合共同体建设方案的通知》《普洱市2021—2025年地理标志产品培育实施方案》《普洱市碳达峰实施方案》等一系列产业绿色转型升级指导政策,使农业资源开发利用效率明显提升,为产业规模扩大和产业转型升级指明了方向。此外,普洱市针对茶叶、咖啡、水果等产业制定发布《普洱市低氟普洱茶定点生产备案流程》《普洱市中低产咖啡园改造技术》《普洱市标准化咖啡园建设技术》《咖啡鲜果集中加工厂建设指导书(试行)》等行业指导书,推动了产业精细化发展。

二是加强与企业交流。为了解产业转型过程中的问题,切实解决企业实际发展需求,普洱市投资促进局、市商务局、市林草局等单位相继举

办政企座谈会,直接听取企业在产业发展过程中的难点,询问需要政府部门解决的事项,共同商讨针对性的解决措施,推进农业产业延链强链。

三是为产业转型提供人才保障。为了解决产业转型过程中的人才紧缺问题,优化人才发展环境,普洱市思茅产业园区通过询问园区内企业需求,编制紧缺人才需求目录,同时在市政府门户网站上同步发布,面向全社会召集人才。滇西应用技术大学普洱茶学院与地方特色强势产业深度融合,以培养茶产业应用型技术人才为主的特色二级学院。普洱茶学院的发展得到浙江大学和华南理工大学的全面支持,与中国茶科所、中国茶叶博物馆、国家普洱茶产品质量检验中心等相关单位开展合作办学,培养出一批批支持产业转型的优秀人才。此外,普洱市人力资源和社会保障局牵头举办的普洱市咖啡技能培训师资能力素质提升培训班,以"提升技能水平、服务产业发展、促进咖农增收"为目标,聚焦咖啡产业技能型人才需求,推进了普洱市"咖啡之都"建设和咖啡产业转型升级。

6.4.2 秉持绿色发展理念,赋能农业产业链转型升级

为贯彻绿色发展战略,实现农业资源高效利用和农业产业转型升级,普洱市遵循绿色发展和循环发展的基本原则,走出了一条绿色低碳发展的产业升级之路。

一是发展循环农业,提升农业资源利用效率。着力推动农业产业绿色化改造,充分发挥茶叶、咖啡、橡胶、烟草等特色农业产业资源优势,积极建设农业特色示范产业园,形成"作物种植—秸秆养殖—沼气提炼—有机肥还田"的循环产业链,实现农业产业提质增效。截至2024年初,普洱市绿色有机农产品种植比例达30%,建设现代农业产业园10余个,建设现代农业产业基地百余个。累计改造中低端咖啡种植田26.3万亩,建成云南省首个数字肉牛集散中心。在提高资源利用效率的同时,推动了农业产业链绿色升级。

二是推动绿色工业发展。将绿色食品加工、绿色能源、生物医药等作为主攻方向,全力发展绿色工业经济,形成以普洱茶加工、咖啡加工、绿色食品和生物制药为主的绿色产业集群。广泛推进清洁生产方式,减少生产过程中废弃物的产生,对生产过程中产生的废弃物进行资源化利用,变废为宝。以绿色工厂、绿色园区创建为支撑,以点带面推进循环经济建设,普洱工业园区被创建为国家级绿色园区,景谷林产工业园区成为国家绿色产业示范基地和国家林业产业示范园区,共创建国家级绿色工厂4个、省级绿色工厂7个。累计发展高新技术企业51户、科技型中小企业493户,国家高新技术企业增长率达到29.8%,省级科技型中小企业增长率达到10.6%,完成10项重大科技成果转化。

6.4.3 立足资源禀赋推进产业融合,全面释放发展动能

普洱市农业资源丰富,具有良好的农业产业基础。立足农业产业资源禀赋和自然风光优势,推进农业产业链延伸,普洱市第二产业、第三产业发展潜力巨大。近年来,普洱市统筹推进三产融合,坚持"龙头带动、全链融合、集群发展"的模式,形成了以农业、旅游业为主体的多元化产业结构。围绕茶产业及其周边产业建立覆盖"种植—加工—产品展示和生态旅游"为一体的产业体系,深入推进三大产业融合发展。抓住景迈山申遗的重大机遇,以循环经济理念推动生态养生休闲旅游的快速发展,打造极具特色的"世界茶源·养生养心""跟着咖啡去旅行"等精品旅游路线。普洱市先后获得"全国文明城市""中国绿色发展优秀城市""中国康养城市""中国生态文明建设示范城市"等近200项荣誉,在国内外树立起具有一定影响力的品牌形象,为旅游业、服务业等第三产业的发展提供了良好的契机。淞茂滇草六味中医药博览园获评国家工业旅游示范基地,澜沧拉祜族自治县帕哎冷古茶庄园入选全国甲级民宿,茶马古城获评国家级夜间文化和旅游消费集聚区。

6.4.4 聚焦龙头产业发展,焕发农业资源活力

茶叶、咖啡以及特色水果是普洱市农业发展的三大支柱产业。为了破除低端锁定的困境,实现农业资源最大化利用,普洱市积极探索茶咖融合新模式,让传统农业资源焕发出新的市场活力。

一是着力做好茶产业。茶产业作为普洱市产业结构中的第一支柱产业,在推进全市经济发展,实现共同富裕的过程中发挥着重要引领作用。培育和扶持澜沧古茶、天士力帝泊洱等一批优势企业,发挥龙头作用,推进茶产业链的转型升级。将生态有机发展作为茶产业发展的重点方向,推进有机茶园的转换和改造,采取"公司+基地+合作社+农户"经营模式,建立了从鲜叶原料到成品茶生产的全流程体系,引领茶园进行有机改造,实现产业发展和环境保护的双赢。此外,普洱市将茶产业作为产业融合发展的关键,发挥"普洱茶"品牌优势,以茶基地为载体建设茶产业园旅游景区,开发普洱茶周边产品,将茶文化打造为旅游品牌,推进茶产业的转型升级。

二是深耕咖啡产业。普洱市有着中国"咖啡之都"的美称,为发挥这一称号带来的品牌优势,普洱市着力扶持和培育北归、漫崖等本土知名咖啡企业,通过技术革新和扩大生产线开展精深加工,延伸咖啡产业链,打造自有咖啡品牌,研发挂耳包、冻干粉、咖啡杯等一批特色产品,推进实现普洱市"茶咖"两大产品品牌双翼齐飞。为了进一步提升咖啡品质,推动咖啡产业全流程专业化发展,普洱市引进国家咖啡重点实验室、中国社会科学院云南研究院、滇西南咖啡气象服务中心等一批科研院所,带动咖啡产业升级。建设普洱市咖啡产品质量监督检验中心、云南国际咖啡交易中心,保证咖啡的生产质量,提高咖啡产业链韧性。为了破解咖啡产业低端锁定的问题,普洱市推进实施中低产咖啡园改造计划,提升咖啡豆精品产出率,在咖啡行业中获取更大的竞争优势,普洱市累计改造超过20万亩中低产咖啡园,使咖啡精品率达到26.6%。凭借咖啡品

质的显著提升,普洱市与众多一流咖啡企业建立了合作关系,在瑞幸、Manner等咖啡品牌连锁门店推广普洱咖啡,引入了隅田川、驼商、农垦等产业链下游咖啡企业,建设咖啡精深加工产业链,大幅提升了普洱市咖啡精深加工能力。为了进一步推动普洱市咖啡产业链的延伸,普洱市正在推进建设一批咖啡庄园,以吸引游客体验普洱特色咖啡文化,探索出一条以精品咖啡为引领,文化与旅游全产业链提质增效的产业转型之路。

三是做大做强水果产业。利用得天独厚的自然资源环境和气候优势,普洱市致力于加强水果品牌建设,"佳品云蓝"蓝莓、"景东晚芒""云洱橙"等一批水果产品品牌在市场上赢得了一定的知名度。普洱市推动水果种植模式向精细化、规模化和标准化发展,建立水果产业合作社,整合中小规模果园,建设集中连片果园。其中,牛油果生产规模亚洲第一,露天高原蓝莓生产规模云南省第一。普洱市还引进外部技术,与中国科学院孙汉董院士专家团队、中国工程院朱有勇院士专家团队及云南农业大学专家团队等技术团队合作建设研发工作站,提升科技成果的转化效率,推动产业升级,开展种植、加工、储藏、流通、农旅融合的全产业链协调发展模式。

6.5 黔南州资源型产业升级:从"肥料级"到"电子级"

黔南州位于贵州中南部,南邻广西,北靠省会贵阳,是贵州的南大门和西南三省的重要通道。地处贵州高原向广西丘陵过渡的地区,境内地形复杂,山地、丘陵、山间坝子和河谷相互交错。黔南州矿产资源丰富,现已探明的矿产资源有磷、锑、铅、锌、煤、金、铝土矿、铁、汞、重晶石、石膏、辉绿岩、铜、石英砂、白云石等50余种。其中优势矿种有磷矿、锑矿等,现已探明的磷矿储量为44.32亿吨,占全国储量的20.1%,有"亚洲磷都"之称,锑矿探明储量在30万吨以上,位居全国之首。

矿产资源的开发给黔南州经济发展带来了巨大机遇。由于矿产资源开采带来的经济利益非常可观,且技术难度较小,因此在过去一段时期内该地区持续高强度开采,以往粗放的矿产资源开发模式,造成矿区内土地破坏严重,生态环境受到严重影响。同时,大量开采的矿产资源被直接出售或仅经过简单加工后用作肥料,产业链长期处于低端锁定状态。为了解决上述问题,黔南州近年来大力整治生态环境,推进产业链升级,从而成功突破了低端锁定的困境。

6.5.1 政府牵头引导,推进落实"富矿精开"

政府引领在产业转型升级中发挥着重要作用。黔南州人民政府立足当地资源发展现状,以贵州省"富矿精开"工作推进会精神为引领,切实走出了一条特色产业转型升级之路。

一是品牌引领。为了提升磷化工产业竞争力,黔南州加大政策、资金扶持力度,集中力量培育辖区内龙头企业,着力提升磷化工产业发展质量,引导企业树立品牌意识,鼓励企业参评"中国质量奖""省长质量奖"等奖项,以获取更大的竞争优势,推动行业质量整体提升。二是推动实施"标准引领"工程。树立标准观念,引导磷化工企业主动参与行业标准的设立与修订,增强黔南州磷化工产业在行业内的话语权,以推动产业高质量发展。三是着重提升企业生产质量。积极开展磷化工企业质量状况调查、质量比对和交流合作,开展共性与关键技术质量的攻关,提高重点实物产品性能稳定性和可靠性等指标,健全质量统计分析、质量违法行为记录及公布等制度,建立跨部门联动执法机制,集中力量对磷化工重点领域、重点产品开展联合执法检查,严厉打击磷及磷化工产品质量违法行为,为磷化工产业高质量发展营造良好环境。四是针对磷化工全产业链进行综合治理。深入推进磷化工产业技术改造升级,建设黔南高新技术产业开发区、福泉—瓮安千亿级磷化工产业园区等多个高新技术产业园区,发挥产业规模效应,高效推进产业转型升级。

6.5.2 发展资源精深加工,持续壮大产业集群

壮大产业集群,实现产业链延伸是破解产业低端锁定问题的关键举措。基于黔南州的资源状况和产业基础,几十年来当地形成了从直接卖矿石到利用磷矿资源生产肥料的初级产业链条。为了实现产业的转型升级,黔南州大力发展磷矿资源精深加工,实现了产业链条的延伸。

一是以良好的化工产业基础吸引外部企业进驻。在地方政府配套政策的支持下,裕能、盛屯、厦钨等一批新材料行业优势企业落户黔南,给当地磷化工产业结构带来了巨大的转变,探索出了一条向新能源电池材料转型发展的新路径,形成"原矿开采—产品深加工—三废综合利用—生产性服务"的产业循环的经济发展模式。磷化工产业在黔南州实现了从"肥料级"到"电子级"的转变。

二是打造磷化工高端产业园区。以新能源电池材料、磷精深加工及耦合共生两大产业路径为重点,推进基础工业园、循环工业园、精细工业园和智慧工业园四大园区板块建设。充分发挥磷化工产业优势,优化现代磷化工产业布局,推动了磷化工产业全链条高质量发展。

6.5.3 突出龙头企业引领作用,加速磷产业转型升级

贵州磷化集团是国内磷化工行业的领军企业,近年来立足国家矿产资源战略需求,坚持深化科技创新体制机制改革,聚焦中低品位磷矿石高效利用、磷矿共伴生资源精细化回收与利用等课题研究,加快科技成果转化,打造了磷化工行业绿色发展典范,带动了黔南州磷产业的转型升级。

一是强化政企交流合作,助力贵州磷资源"富矿精开"。2024年,贵州磷化集团,贵阳市下辖开阳县、息烽县,黔南州下辖瓮安县、福泉市,在上海举办贵州省磷资源"富矿精开"交流合作座谈会。各家单位对磷资源开发项目建设经验进行了分享交流,围绕如何推进磷资源高效高值利

用进行了深入探讨,架起了参会各方合作交流的桥梁。

二是整合多方资源,组建磷资源绿色高效利用技术平台。由贵州磷化集团、福州大学和武汉工程大学共同参与,在磷化工行业唯一的企业国家重点实验室中低品位磷矿及其共伴生资源高效利用"国家重点实验室"的基础上,整合组建磷资源绿色高效利用"全国重点实验室",引领磷化工产业转型升级。

6.5.4 完善科技创新体系建设,提升磷产业链韧性

为了强化产业链韧性,推动产业转型升级,黔南州坚持把加强科技创新摆在产业发展的突出位置,深入实施创新驱动发展战略。

一是引入先进地区孵化团队及经验模式。与广东省科技企业孵化器协会达成合作意向,与广州亿天产业孵化器有限公司共建国家级科技企业孵化器。与工业和信息化部网络安全产业发展中心达成战略合作协议,共同建设专精特新创新发展产业园,成功获批贵州省大众创业万众创新示范基地。此外,为完善知识产权发展与保护工作,为高新技术企业创造良好的创新氛围,2022年黔南高新区成功获批国家级知识产权强国建设试点园区。

二是开展磷化工产业创新链专家进企业活动。组织贵州大学、黔南师范学院等高等院校教师组成的磷化工产业创新链专家团队,前往贵州胜泓威新材料科技有限公司、贵州胜威福全化工有限公司等企业召开座谈会,现场解答企业在生产过程中的难题,同时向企业提出提高科技研发力度、注重生态环境保护、优化生产工艺流程等具体措施。

三是以科技创新推动产业绿色转型。黄磷尾气是黄磷生产过程中产生的主要副产品,对大气环境造成了严重的破坏,黔南州黄磷尾气综合利用及发电项目的建成解决了这一难题。该项目将废气治理和循环利用相结合,引用国内先进的PDS脱硫净化工艺及专有尾气自动化输送技术、脱磷技术,将黄磷尾气回收处理后用作泥磷蒸馏、燃气锅炉等工序

的清洁热源,并配套建设了汽轮机组进行发电,发电余气向全厂供热,在解决了环境污染问题的同时,也实现了资源节约,促进了磷产业的绿色转型进程。

6.5.5　保障资源要素供给,推动产业园区高效运转

为了发挥产业规模化、集群化效应,黔南高新技术产业开发区以建设全省创新驱动发展示范区和高质量发展先行区为目标,围绕磷及磷化工、新能源电池及材料等领域加快产业聚集,持续优化园区内的营商环境。通过产业招商强链延链补链,大力发展精细化工产业集群,全力推进园区产业高质量发展,奋力实现打造"千亿级园区"目标。

一是建设园区项目服务保障团队。本着全力为高新产业项目服务的理念,黔南高新区将新型工业化推进与千亿级园区建设全面融合,形成了针对园区内各种类型项目的服务团队。将黔南高新区、福泉市工业和信息化局、市商务局等人员深度整合,以业务发展为导向,组建了项目服务攻坚队、产业发展专业队、园区建设保障队,为园区内产业发展全链条提供了有效保障与支持。推进贵州胜威福全年产20万吨的电池级磷酸铁新材料项目、年产18万吨的硫酸铵项目等7个项目开工建设,培育规模以上企业13家、省级专精特新企业5家,省级行业"小巨人"企业2家。

二是制定项目发展要素保障体系,推进土地、能耗等项目建设的资源保障工作。合理规划园区土地利用的功能分区,结合产业政策和地方产业发展优势,科学确定各园区地块的产业发展方向,实现园区土地资源精细化利用。强化土地利用审批监管,对项目建设用地方式、规模进行科学论证。探索实施多种土地供给方式,黔南高新区管委会重点针对中小企业,推进新形式的工业用地出让方式,完善"长期租赁""先租后让""租售并举"机制,提高土地利用效率。针对园区项目建设能耗问题,高新区管委会采取园区平台公司自建供电线路的方式,最大程度地提升

供电效率,保障项目供电。

三是黔南高新区实施企业化管理方式。实施"公司+管委会"的运营模式,分设招商引资、项目服务、规划建设、经营发展、财务金融和综合事务六个板块,层次分明地做好内部分工,提升园区经营管理效率。此外,为提升决策效率,由黔南州市委常委、黔南高新区主持日常工作的党工委副书记任园区董事长,高效解决项目建设存在的问题,实现指挥扁平化、决策高效化。

四是持续加强园区人才保障。根据园区发展的人才需求,在全州范围内对符合标准的人才进行筛选,建立园区专业人才库,抽调人员进行跟岗锻炼,为园区发展进行人才储备。实行园区驻企特派员制度,根据各企业发展实际状况细化特派员工作,切实了解企业需求。争取向州级编制池增加高新区编制,积极对接州编办,力争将黔南高新区纳入州直部门遴选范围,提高对人才的吸引力,将全州具有园区发展相关专业背景的人才引进园区,助推黔南高新区建成千亿级园区和国家高新区。

6.6 毕节市资源型产业的价值链攀升:从煤炭的"独奏"到超越煤炭的"交响"

毕节市位于贵州省西北部、川滇黔三省交界、乌蒙山腹地,拥有汉、彝、苗、回等46个民族,其中少数民族人口占全市总人口的21.25%,是典型的民族地区。毕节市矿产资源丰富,煤炭储量为281亿吨,占整个贵州的51%,素有"西南煤海"之称,是国家重要的能源基地。[1]依靠丰富的煤炭资源,毕节市煤炭工业取得了长足发展。虽然毕节市煤炭工业仍面临价值链条短、技术水平低、生态问题突出等较为显著的低端锁定问题,人才瓶颈与融资瓶颈也是打破毕节市煤炭工业突破低端锁定困境的重要

---

[1] 资料来源于毕节市人民政府网站。

因素,但毕节市煤炭工业正在加速推进价值链攀升,从煤炭的"独奏"向超越煤炭的"交响"方向迈进。

6.6.1 政府统筹协调,提升煤炭工业经济效益与生态效益

政府的统筹协调,为毕节市实现煤炭工业经济效益与生态效益双赢提供了重要保障。

一是毕节市人民政府依法依规对规模较小的煤炭企业采取关停、兼并重组等具体举措,整合分散的煤炭企业,显著提升了煤炭工业的规模经济,有利于统一管理,减少对生态环境的破坏。

二是政府出台战略规划,为煤炭工业向中高端转型提供制度保障。例如,《贵州省煤矿优化布局和资源整合方案》《关于做好 2018 年贵州省煤矿智能机械化升级改造项目奖补资金申报工作的通知》《毕节市推进煤炭产业高质量发展意见》《毕节市推动煤炭产业做优做强做大工作方案》等相关政策的出台,加速了毕节市煤炭工业高质量发展的进程。除享受各级部门出台的普惠性政策外,省相关部门针对毕节市煤炭产业发展现状,颁布了多项高效的针对性政策。省能源局印发《支持推动毕节能源产业高质量发展工作方案》,对煤矿智能化建设、煤炭清洁高效利用、煤层气开发、煤炭储备、瓦斯防治、安全监控、专业人才队伍建设等事项都提出了明确的政策支持。南方电网贵州省公司出台支持毕节市煤电项目建设的相关政策等。这些政策明确了当前毕节市资源型产业转型的方向与目的,同时为毕节市资源型产业转型提供了良好的政策保障。

三是建设多个经济开发区和相关产业管理部门,为煤炭工业突破低端锁定提供了空间载体。毕节市建设了九个经济开发区,进一步优化煤炭工业布局,也为煤炭工业延长产业链、价值链提供了良好的环境。先后成立了七星关区、赫章县等区县层面能源局,实现了全市 9 县(市、区)都有专门的煤矿监管职能部门。依托市煤矿勘测设计院的人员和技术

优势,积极申报建设了煤炭工业毕节地区建设工程质量监督站,煤矿建设质量监督审核验收从原来的30天缩减到现在的7天,大幅简化了验收流程,提高了行政服务效率。

6.6.2 依托煤炭工业底蕴,加速煤炭产业价值链攀升

毕节市的黔希化工公司作为毕节煤炭产业领域中的龙头企业,是毕节市煤炭工业向煤化工转型的重要力量。在龙头企业引领下,吸引下游产业集聚,煤炭工业的产品逐步向煤制烯烃、煤制芳烃、煤基乙醇、甲酯等大宗化工产品转型,产业链不断向附加值高的环节延伸,推动毕节市以煤炭为基础的产品种类和产业门类逐渐多样化,初步实现了从煤炭"独奏"到超越煤炭的"交响"的演变,加速上下游产业链优势互补和循环发展的产业集群的形成。

为了实现煤炭产业链的延伸,毕节市先后建成了黔北电厂、纳雍电厂、大方电厂、黔西电厂、织金电厂等一批火电厂。近年来,围绕"双碳"目标,毕节市各地火电厂纷纷实施技术改造,不断强化绿色技术创新,持续促进节能降耗,推动火电变"绿电"。与此同时,火电企业积极探索循环利用富余资源,变废为宝。例如,金沙黔北电厂将高参数蒸汽输送到金沙窖酒酒业有限公司,用蒸汽替换锅炉。围绕固废脱硫石膏引进石膏加工厂,提升了资源利用效率。推进能源经济循环化发展,壮大煤炭特色工业循环经济产业集群,在资源循环利用的同时实现了产业链的延伸。

6.6.3 创新金融支持方式,推动煤炭产业技术升级

煤炭产业在突破低端锁定的过程中,需要技术升级,而融资是制约毕节市煤炭产业技术升级的重要因素,为了缓解这一现实问题,毕节市创新金融支持方式,为煤炭产业升级提供资金保障。一是成立了毕节

市能源产业发展基金,并委托专业基金公司实行市场化运营;二是发挥政府的中介作用,建立政银企融资对接机制,推动本地金融与煤炭实体经济融合共生;三是与发达地区建立对口帮扶机制,充分利用发达地区金融资源,促进毕节市煤炭工业转型升级。毕节市与广州金融局签订了帮扶合作协议,在碳交易、绿色金融等领域为毕节市提供了大力支持。

6.6.4 重视技术创新,推动煤炭产业智能化发展

煤矿开采智能化能够实现煤炭生产方式绿色化,大幅提高煤炭开采效率,提升产业链韧性。近年来,毕节市立足煤、做足煤,坚持以科技创新为驱动,深入推进大数据与煤矿实体深度融合,大力实施煤矿"机械化、智能化、数字化"升级改造,为推进煤炭产业转型发展提供技术支撑。截至2020年年底,毕节全市煤矿的机械化开采率达100%,辅助系统智能化覆盖率达100%,基本实现了"机械化减人、自动化换人"目标。2022年,黔西市新田煤矿建成全省第一个国家级智能煤矿示范项目,标志着毕节市煤矿迈入了智能化时代。截至2023年年底,毕节市累计建成智能采掘工作面36个,机器人示范应用项目1个(新田煤矿皮带机、变电所巡检机器人研发应用)、智能煤矿项目1个(新田煤矿国家级智能煤矿示范建设项目)和5G示范项目2个(新田煤矿、青龙煤矿)。

6.6.5 注重煤炭产业人才培养,提升人力资本和创新要素质量

为了提升煤炭产业人力资本水平,毕节市积极支持高校和职业院校加强能源专业建设,鼓励煤矿企业与高等教育机构建立定向联合培养模式,对机电、地测和大数据融合等紧缺专业实行定向招生、重点培养、定向就业。制订并完善了煤炭行业人才培育、培训和引进工作计划,极大

地提升了从业队伍专业技能和职称学历水平,为增强煤炭产业从业队伍素质与行业机械化、智能化、自动化相匹配的程度,进而为推动煤炭产业技术创新提供强有力的人力资本支撑。

第7章 西南地区资源型产业突破低端锁定困境的对策建议

7.1 战略层面

7.1.1 "创新要素整合—创新环境再造"的综合突破战略

高水平的创新要素和优越的创新环境会显著推动资源型产业技术创新,提高资源型产业产品附加值,推动资源型产业迈向价值链、创新链中高端,进而有助于资源型产业突破低端锁定的困境。

鉴于此,一是建议统筹考虑西南地区科技创新人才、研发经费等创新要素,制定西南地区资源型产业创新要素整合战略,提升创新要素的整体效能;二是建议根据《中华人民共和国国民经济和社会发展第十四个五年规划和2035年远景目标纲要》《关于新时代推进西部大开发形成新格局的指导意见》等国家战略,在充分考虑西南地区所处地理区位的基础上,出台资源型产业融入区域创新网络的专项规划,从战略层面改善西南地区资源型产业的创新环境。

7.1.2 实施突破资源型产业低端锁定困境的差异化战略

依据西南地区资源型产业所面临低端锁定程度的差异性,实施差异化的突破战略。将突破战略的重点放在产业分工地位较低、低端锁定程度较深的资源型产业。

一是实施产业差异化的突破低端锁定困境的战略。重点实施金属冶炼及压延加工业、化学工业等下游资源型产业"增量提质"战略,推进下游关联产业的技术结构优化升级。依靠自主培育与承接产业转移的方式,推进资源型产业的延链补链强链。依靠技术研发、品牌打造等手段提高资源型精深加工产业的创新能力和经济效益。

二是实施空间差异化的突破低端锁定困境的战略。依据广西、云南及贵州三省(区)资源型产业所面临的低端锁定困境的差异,巩固提升广西与贵州资源型产业的相对优势,重点加大对云南非金属矿物制品业、化学工业、金属制品业等资源型产业突破低端锁定困境的支持力度。

三是基于西南地区资源型产业所面临的低端锁定程度的区域排名,实施基于区域竞争力的突破战略。

7.1.3 推进资源型产业融入技术创新"双循环"的突破战略

抓住国家深入构建以国内大循环为主体、国内国际"双循环"相互促进的新发展格局的战略机遇,建议西南地区实施资源型产业技术创新双循环战略,提升国内技术创新资源与国际技术创新资源的整合能力,拓宽资源型产业进行技术创新的通道,为资源型产业突破低端锁定的困境提供更大动力。为此,从"硬技术"(直接应用于产品生产的技术)与"软技术"(管理理念、营销理念等无形技术)两个层面,制定西南地区资源型产业深度参与国内国际技术创新"双循环"战略,从而拓宽突破资源型产业低端锁定困境所需的技术来源。为此,一是充分利用与广东、上海以及浙江等省份之间的对口帮扶机制,制定与中国东部沿海发达地区进行产业技术创新合作战略;二是深入挖掘靠近东盟的地缘优势,制定与东盟有关国家的技术创新合作战略。

7.2 具体策略层面

7.2.1 发挥森林碳汇的突破低端锁定效应

资源型产业的发展易导致生态环境污染,这也是资源型产业低端锁定困境的重要表现。但鉴于西南地区的实际,一方面,资源型产业既要突破低端锁定困境,以实现绿色高质量发展,进而为落实"双碳"目标作出贡献;另一方面,也要维持地区经济增长。

为了实现这一双重目标,建议西南地区充分依据自身丰富的森林资源优势,温和地推动森林碳汇与资源型产业突破低端锁定困境有机融合。可通过以下两种途径来实现:一是评估西南地区森林碳汇能力,通过碳排放权交易等机制,为区域内资源型产业争取更多的碳排放权,实现区域内资源型产业碳的净零排放,为温和推进资源型产业迈向价值链中高端提供保障;二是持续加强碳交易市场建设,完善碳配额市场交易机制,并进一步积极引导资源型产业主体参与国家核证自愿减排量制度建设,与其他地区进行森林碳汇交易,进而提升西南地区的整体收入水平,夯实资源型产业突破低端锁定所需资金来源。

7.2.2 依靠价值链延伸突破低端锁定困境

对西南地区资源型产业突破低端锁定困境而言,一是重塑发展思维模式,超越资源型产业发展的传统价值链模式,运用"立足矿产资源、做足矿产资源、不唯矿产资源"的思路引领资源型产业突破低端锁定;二是依据西南地区各地优势矿产资源实际情况,并结合绿色转型的战略机遇,推动资源型产业从单纯的资源开采、粗加工等价值链低端环节,向附加值高的关联产品延伸,促进资源型产业产品的多样化与价值链位置的攀升。

7.2.3 培养企业家精神

企业家精神是推动资源型产业打破技术依赖,进而突破低端锁定的重要内在因素,能够为资源型产业突破低端锁定提供重要的精神要素支撑。因此，要从培养企业家精神着手，即打破企业家小富即安的思维模式，培养其不断开拓进取、勇于创新和不惧失败的精神，并形成具有前瞻性战略眼光的心智模式，促进资源型龙头企业的成长，为促进资源型产业价值链延伸提供引领。为此，一是要打造包容、开放、创新的区域品质，创造有利于企业家精神培养的社会环境；二是要构建有利于企业家精神培养的激励机制；三是要营造有利于企业家精神培养的企业文化氛围。

7.2.4 注重知识型人力资本建设

注重知识型人力资本建设，有助于为西南地区资源型产业突破低端锁定提供人才要素保障。为此，应深入实施人力资本的自我培养与外部引进相结合的人力资本提升策略，尤其是加大培养与引进知识型人力资本，夯实西南地区资源型产业创新发展的人力资本存量。在知识型人力资本的自我培养方面，政府应加大对教育的资金、基础设施的投入力度，实现区内教育资源分配的均等化，缩小教育水平差距。加大对高等教育的投入力度，优化配置高等教育资源，积极引导高校进行分类改革，为多样化的知识型人才培养创造良好的外部条件，并进一步强化资源型产业与国内外高校、科研院所的合作力度，通过资源整合，为西南地区资源型产业人才培养提供智力支撑。

在产业层面，要加大对员工的培训力度，提升员工的知识水平。完善人才引进的各项制度设置，升级人才引进激励政策，破除制约资源型产业人才进行技术研发、管理创新的制度束缚，为人才流入创造良好的制度环境。提升西南地区包容性水平，为吸引并留住产业人才提供优越的文化环境。

7.2.5 拓宽研发资金来源渠道

1. 加大政府对重点资源型产业领域的研发支持力度

资源型产业通过创新有助于提升产品技术含量,也有助于提升品牌知名度,从而提高产品附加值,助推其迈向价值链中高端。但是,这需要大量资金要素支持。为此,一是加大针对资源型产业的研发资金投入。依据整体经济增长速度,政府应相应增加对化学工业、金属冶炼及压延、食品制造等重点行业研发经费投入的支持力度;二是由政府推动设立资源型产业高质量发展专项基金,并采取市场化运作模式,为资源型产业突破低端锁定提供资金支持。

2. 充分发挥上海证券交易所资本市场服务基地的融资功能

上海证券交易所在广西、云南及贵州已建立资本市场服务基地。基于此,具体建议如下。

一是逐步推进上海证券交易所资本市场服务基地在西南地区其他城市设立办事处,进一步提升该基地满足资源型产业突破低端锁定困境的融资需求的响应速度。建议在百色、河池、个旧、毕节等地设立办事处,并稳步推广至其他城市。

二是做大做优资源型产业企业上市后备库。评选更新年度重点拟上市企业库,筛选西南地区上市(挂牌)后备企业资源库入库企业,坚持分类指导、分层培育,加强政策宣导、专业培训、投资者教育等工作。

三是加快资源型企业上市挂牌进程。借助上海证券交易所在资本市场的专业性与权威性,聚焦西南地区重点资源型企业,精准对接,助推上市。

四是拓宽资源型企业融资渠道。充分利用基地优势,通过股票、债券、资产证券化等多元化金融产品和渠道,帮助西南地区优质资源型企业拓展融资、再融资、并购重组规模,畅通资本市场的融资功能,为各层次资源型企业的创新发展提供充足的资金要素。

7.2.6 加速推进产学研用深度融合

西南地区资源型产业物质投入比重过高,服务要素投入比重较低。应进一步推动服务业与资源型产业的融合发展,逐步加大服务要素投入水平,提升西南地区资源型产业服务化水平。尤其加强知识密集型服务业与资源型产业的关联,加大资源型产业的知识、管理咨询、科学研究等服务要素投入。深化软件与信息技术服务业与资源型产业的深度融合,推动西南地区资源型产业数字化转型。

为此,积极推动区域内外创新资源整合,与高校、科研院所建立合作,为资源型产业技术创新提供动力。具体可基于西南地区特色矿产资源,与关联知名企业、高校及科研院所组建新型研究机构,为资源型产业技术创新提供精准平台。

7.2.7 争取国家级创新平台落地,改善创新制度环境

一是优化国家高新区和知识产权示范城市在西南地区的空间布局。请求国家进一步优化国家级高新技术产业开发区在西南地区的空间布局,积极推动省级高新技术产业开发区升格为国家级高新技术产业开发区,推动百色、六盘水、曲靖等城市创建国家级知识产权示范城市,为资源型产业技术创新搭建更多更好平台。二是以国家"十四五"规划为依托,谋划建设西南地区资源型产业创新高地(如黔桂铝产业创新高地),为资源型产业突破低端锁定提供优越的创新环境。

7.2.8 提升数字普惠金融水平,优化创新的金融环境

西南地区的数字普惠金融水平较低,制约了资源型产业突破低端锁定困境所需资金需求的实现。为此,需提升西南地区数字普惠金融水平。

一是完善顶层设计。建议尽快制定资源型产业支持和财税支持政

策,营造数字普惠金融的良好政策环境。

二是平衡风险创新,改进金融监管。建议针对数字普惠金融特点,处理好数字普惠金融发展中的创新与风险。构建以风险为导向的监管框架,加强行为监管和功能监管。

三是破解资源型产业低端锁定痛点,构建资源型产业数字普惠金融生态。充分发挥数字普惠金融在推动资源型产业技术创新、产品创新等方面的优势。四是加强数字普惠金融教育,提升资源型产业相关从业人员的金融素养。进一步加大数字普惠金融知识在资源型产业的普及力度,提升资源型产业相关从业人员的金融知识水平和金融素养。

7.2.9 提高市场化水平,打造优越营商环境

一是有效减少审批层级,加速审批进程。持续推进企业名称自主申报、全程"电子化登记、多证合一"和证照分离等商事登记制度改革,不断降低市场准入门槛,改善市场准入环境,实现企业开办"线下一窗受理""线上一网通办"。

二是提高政策服务的精准性。坚持以"客户体验,用户思维"为导向,对于上门咨询和申请办理投资事项的市场主体,做到安排专人跟进,提供一对一服务,详细告知办理要求和申请流程,力促政策指导到位。

三是进一步落实包容性发展理念,提高自我开放水平。通过培训与主动学习,切实提高政府部门推动包容性发展的水平与能力,积极营造适应资源型产业转型升级的氛围。此外,注重加强人文关怀,按照宜居、宜业、宜游需求,建立一流公共服务体系,推动西南地区经济品质、人文品质、生态品质和生活品质全面提升。

7.2.10 探索高端价值模块"移植"方式

通过直接引入从事资源型产业高端环节的企业或跨国公司子公司

来实现价值链的高端嵌入,以促进西南地区资源型产业技术结构的优化升级,进而促进资源型产业价值链攀升,降低低端锁定程度。依据西南地区重点发展的资源型产业集群,选择若干地区的若干行业,采用"移植"的方式建立具有高端价值模块的产业集群。例如,针对贵州发展煤化工产业的实际,采取"引进龙头企业+上下游配套企业集聚"的"移植"模式,实现嵌入不同价值模块的目标,直接切入国内价值链、全球价值链的高端环节,可以绕过高端价值模块开发初期投资不足的制约,较快实现西南地区资源型产业的跨越式升级。

7.2.11 谋划建设珠江—西江科创走廊

科创走廊建设正成为区域融入科技创新网络、整合科创资源、推动产业高质量发展的新举措。以珠江—西江联通云南、贵州、广西及广东四省(区)的客观基础,联合广东、广西、云南、贵州四省(区)主要城市共同制定《珠江—西江科创走廊建设规划》,并积极争取上升为国家战略,为西南地区资源型产业融入技术创新内循环提供新的顶层设计支撑。在此基础上,充分借力"珠江—西江科创走廊",为西南地区资源型产业科技创新提供新的创新网络平台。

依据西南地区资源型产业突破低端锁定的现实紧迫性,加强与广东的合作,有针对性地通过学习消化吸收"珠江—西江科创走廊"相关城市的科技创新优势,达到提升西南地区本土资源型产业科技创新能力的目的,为西南地区资源型产业向绿色、价值链中高端迈进提供科技动力。

7.2.12 建设对接无形智力资源示范区

具体建议包括:一是在资源型产业招商引资过程中,需转变承接转移的传统思维模式,应更加注重政府治理理念、经济治理理念、企业管理方式、知识创新制度等无形智力资源的对接;二是西南地区处于西部陆海新通道重要节点上,且广西与粤港澳大湾区毗邻。因此,可基于西部陆海新通道与粤港澳大湾区两个外部战略空间,选择试点城市,探索建立对接西部陆海新通道和粤港澳大湾区的无形智力资源示范区。三是示范区建设的重点任务包括吸引科研院所、高校分支机构落户、加强人才培训等。进一步推动西部陆海新通道沿线地区与粤港澳大湾区的科研院所、高校(如重庆、成都、西安、广州等地的高校)在西南地区设立分支机构,与西南地区特色资源型产业共建产业研究院,为资源型产业突破低端锁定困境提供智力支持。例如,主动融入粤港澳大湾区区域协同创新共同体,探索碳交易制度、绿色科技、能源及产业等领域的合作机制,提升资源型产业升级的创新动力。

7.2.13 加速资源型产业融入国际创新循环

科技是助推资源型产业突破低端锁定困境的强心剂。为此,西南地区应充分抓住《区域全面经济伙伴关系协定》的历史机遇,重点推进与马来西亚、澳大利亚、韩国等国家的资源型产业科技交流与合作,加速资源型产业融入国际创新循环。一是要做好西南地区与上述国家科技合作的顶层设计,为国际科技合作提供战略性指导,构建西南地区与东盟的科技合作信息平台,做强做大中国—东盟技术转移中心,为西南地区拥有技术需求的资源型企业创造技术来源渠道;二是推进西南地区资源型产业企业员工与东盟国家企业员工交流,为知识扩散和技术创新创造良好的条件;三是要转变产业发展战略,从"产业引进"向"技术引进与根植"战略转变,如通过完善制度设置,积极承接技术密集型产业,优化产业结构。

第8章 研究结论、研究不足与未来展望

8.1 研究结论

8.1.1 西南地区资源型产业效益增长显著,但在全国处于较低水平

本书通过研究发现,西南地区资源型产业产值、资产规模及利润都呈现一定程度的增长态势,表明西南地区资源型产业规模及效益表现出增长态势,但从全国来看,西南地区资源型产业占全国的比重偏低,表明西南地区资源型产业在全国处于较低水平,竞争力弱。

8.1.2 西南地区资源型产业低端锁定程度较深

1. 产业分工地位低,低附加值锁定程度较大

本书通过计算西南地区资源型产业最终需求距离指数,发现西南地区资源型产业最终需求距离虽然呈现增长态势,表明产业分工地位有所提升,但该指数仍基本处于0.02左右的极低水平,表明西南地区资源型产业整体附加值偏低,产业分工地位低,面临低端锁定的程度较深。

2. 不同类型资源型产业面临低端锁定困境的程度存在差异

西南地区资源型产业最终需求距离指数结果表明,不同类型资源型产业最终需求距离指数普遍偏低,且存在较大差异,表明资源型产业陷入低端锁定程度具有行业差异性,具体表现为基本稳定型、持续增强型及持续减弱型三大类。

食品制造业与化学工业面临低端锁定程度相对稳定,煤炭开采和洗选业、金属矿采选业、非金属矿及其他矿采选业、金属制品业面临低端锁

定程度持续减弱,而金属冶炼及压延加工业面临的低端锁定程度持续加深,是西南地区资源型产业突破低端锁定困境的主攻方向。

3. 不同省(区)资源型产业突破低端锁定困境的能力存在空间差异

依据西南地区的广西、云南及贵州的资源型产业最终需求距离指数,广西与贵州资源型产业的最终需求距离指数呈现先下降再上升的演进趋势,表明两省(区)的资源型产业突破低端锁定困境的能力有所增强。但是,云南资源型产业最终需求距离指数表现为先上升再略微下降的演进趋势,且云南资源型产业最终需求距离指数一直在三省(区)中处于最低水平,表明云南资源型产业突破低端锁定困境的能力有所减弱,云南资源型产业如何突破低端锁定困境是西南地区资源型产业突破低端锁定困境的空间战略重点。

4. 与其他地区相比,西南地区资源型产业低端锁定程度相对较大

为了进一步刻画西南地区资源型产业在区域中的竞争力,本书将其与西部陆海新通道沿线省(区、市)进行对比分析。结果表明,整体而言,西南地区资源型产业低端锁定程度高于四川及陕西等西部省(区、市),如何通过突破低端锁定,进而提升西南地区资源型产业在西部地区的竞争力也是亟须解决的现实问题。

5. 绝大多数资源型产业技术创新能力薄弱,陷入技术的低端锁定

通过对西南地区资源型产业专利申请数量的演变趋势进行分析,结果表明,食品制造业的技术创新水平相对较强。但是,总体而言,西南地区资源型产业专利数量虽然持续增长,但占全国的比重低,表明西南地区资源型产业技术创新能力较弱,突破低端锁定困境的技术动力不足。

6. 三省(区)主要资源型产业技术锁定差异逐渐显现

2012—2021年,广西、云南及贵州三省(区)的非金属矿物制品业、食品制造业、化学工业及金属制品业的专利申请数量占全国比重的差异逐渐显现。尤其是广西四个资源型产业的技术创新水平总体强于贵州与云南,具有较强的后发动力。具体来看,云南的非金属矿物制品业与金

属制品业技术创新水平最低,面临较深的技术锁定困境,而贵州的化学工业技术创新水平最低,同样面临较深的技术锁定困境。

7. 资源型产业劳动生产率低,面临生产率低端锁定

劳动生产率高低也是衡量产业陷入低端锁定困境的重要指标。本书研究发现,总体而言,西南地区资源型产业劳动生产率持续低于全国整体水平。金属冶炼及压延加工业、化学工业、金属制品业及食品制造业等典型资源型行业的劳动生产率增长乏力,且只有全国整体水平的60%左右。表明西南地区资源型产业面临劳动生产率低端锁定的困境,如何提升资源型产业劳动生产率也是突破低端锁定的重要任务。

8. 资源型产业绿色发展水平低,亟须突破环境污染锁定困境

总体而言,西南地区资源型产业的单位产值废气排放量一直高于全国整体水平,表明西南地区资源型产业在取得快速增长的同时,对大气环境的污染程度较高,反映出西南地区资源型产业面临环境污染锁定困境。此外,金属冶炼及压延加工业、化学工业、金属制品业及食品制造业等典型资源型行业的环境污染水平也普遍高于全国平均水平,细分资源型行业也面临环境污染锁定困境。

8.1.3 高端服务要素投入极低,是阻碍资源型产业突破低端锁定困境的主因

本研究发现,西南地区资源型产业物质投入比重持续保持在75.00%左右的水平,而服务要素投入只占25.00%左右,资源型产业物质投入比重远高于服务要素投入比重。知识、信息、技术等高端服务要素的投入比重更低,年均仅为0.49%。这表明西南地区资源型产业服务化水平较低,制约了资源型产业技术创新水平的提升,是阻碍资源型产业突破低端锁定困境的重要因素。

8.1.4 国家级创新政策有限,突破低端锁定困境的创新环境亟须改善

国家级高新技术产业开发区、知识产权示范城市等国家级创新政策通过提升产业技术创新水平、促进产业结构优化升级等途径,有助于区域资源型产业突破低端锁定困境,迈向价值链中高端。但是,西南地区的国家级高新技术产业开发区数量仍较少,知识产权示范城市仅有两个,国家级创新政策嵌入西南地区地方空间的数量较少,客观上降低了外部创新环境助推资源型产业突破低端锁定困境的功效,西南地区创新环境亟须改善。

8.1.5 市场化水平低,降低突破低端锁定困境的动力

本研究发现,西南地区市场化指数低于全国平均水平。较低的市场化水平,不利于增强资源型产业的创新活力,从而降低了资源型产业突破低端锁定困境的动力。

8.1.6 数字普惠金融水平低,影响突破低端锁定融资需求

本研究发现,西南地区数字普惠金融持续低于全国平均水平,表明西南地区数字金融发展水平仍较低。金融环境相对欠佳,不利于资源型产业突破低端锁定融资需求的满足,从而阻碍资源型产业技术研发进程及其效果。

8.1.7 提出资源型产业突破低端锁定困境的三大新战略

本书通过深入研究,提出资源型产业突破低端锁定困境的三大新战略,以期为西南地区资源型产业突破低端锁定困境提供战略指导:一是"创新要素整合—创新环境再造"的综合突破战略;二是实施资源型产业

突破低端锁定困境的差异化战略;三是推进资源型产业融入技术创新"双循环"的突破战略。

8.1.8 提出激活森林碳汇,助力资源型产业突破低端锁定困境的新策略

本书基于西南地区的实际,提出西南地区可依据自身丰富的森林资源优势,实现森林碳汇与资源型产业突破低端锁定困境的有机融合。并阐述了实现这一融合的两个具体途径:一方面,在评估西南地区森林碳汇能力的基础上,通过碳排放权交易等机制,为区域内资源型产业争取更多的碳排放权,实现区域内资源型产业碳的"净零"排放,进而渐进促进资源型产业迈向价值链中高端;另一方面,通过与其他地区建立森林碳汇交易机制,将自身丰富的森林碳汇转化为经济价值,夯实资源型产业突破低端锁定所需资金来源。

8.1.9 提出建设珠江—西江科创走廊,为技术创新提供新平台

西南地区资源型产业技术创新水平弱,是阻碍其突破低端锁定困境的重要因素。鉴于此,本书提出前瞻谋划建设珠江—西江科创走廊这一新的科技创新平台。一方面,有助于推动西南地区区域内科创资源整合;另一方面,有助于强化西南地区与广东等经济发达地区的技术创新合作,从而为西南地区资源型产业技术创新提供新的载体和战略机遇。

8.2 研究不足

本研究的不足之处主要体现在两个方面:一是由于受到疫情影响,使本书在调研范围、产业案例选择等方面仍不够深入,因此研究深度有待提高;二是本书分析了创新要素和创新环境对西南地区资源型产业低

端锁定程度的影响,但缺乏从创新要素与创新环境互动的视角研究西南地区资源型产业低端锁定问题。

8.3 未来展望

依据本研究的不足,未来,将从以下四个方面重点开展进一步研究:一是加强调研理论的分析与应用,扩大实地调研范围,增强实践深度与广度,注重选取典型资源型企业案例,基于扎根理论从更为微观的视角深入挖掘其突破低端锁定的经验;二是基于互动视角,研究创新要素与创新环境对资源型产业突破低端锁定的交互效应;三是绿色低碳转型是资源型产业突破低端锁定的重要方向,但如何实现降碳与企业经济效益"双赢"也是亟须解决的现实问题。为此,在国家"双碳"目标背景下,应深入研究协同推进"双碳"目标与资源型产业高质量发展问题;四是在数字化时代,如何寻找解锁西南地区资源型产业低端锁定困境的"钥匙",更是值得深入探索的新方向。

参考文献

[1] SACHS J D, WARNER A M. The curse of natural resources[J]. European economic review, 2001, 45(4):827-838.

[2] 郭存芝,罗琳琳,叶明.资源型城市可持续发展影响因素的实证分析[J].中国人口·资源与环境,2014,24(8):81-89.

[3] 张生玲,李跃,酒二科.路径依赖、市场进入与资源型城市转型[J].经济理论与经济管理,2016(2):14-27.

[4] 徐贺飞.基于生产可能性视角的税收政策对资源型产业的影响分析[J].产业创新研究,2023(21):121-123.

[5] 江胜名.黄河流域资源型产业集聚对城市全要素生产率的影响[J].江淮论坛,2022(3):90-97.

[6] 肖远飞,周博英,李青.环境规制影响绿色全要素生产率的实现机制——基于我国资源型产业的实证[J].华东经济管理,2020,34(3):69-74.

[7] 李思瑶.空间视角下资源型产业碳减排机制研究[D].北京:中国地质大学,2022.

[8] AUTY R, WARHURST A. Sustainable development in mineral exporting economies[J]. Resources policy, 1993, 19(1):14-29.

[9] 康爱香,郝枫,宋旭阳.不可再生自然资源对经济增长的福祸之辨[J].统计与信息论坛,2021,36(11):95-106.

[10] 方颖,纪衍,赵扬.中国是否存在"资源诅咒"[J].世界经济,2011,34(4):144-160.

[11] 鲁金萍.广义"资源诅咒"的理论内涵与实证检验[J].中国人口·资源与环境,2009,19(1):133-138.

[12]张斯琴,闫东明.资源产业依赖与省际绿色发展效率——"资源诅咒"的再检验[J].商学研究,2022,29(3):104-113.

[13]张丽,盖国凤.煤炭产业依赖对全要素生产率影响研究——基于有条件"资源诅咒"假说[J].财经问题研究,2020,21(3):39-47.

[14]GEREFFI G. International trade and industrial upgrading in the apparel commodity chain[J]. Journal of international economics, 1999, 48(1): 37-70.

[15]康志勇.禀赋结构、适宜技术与中国制造业技术的低端锁定[J].世界经济研究,2009(1):3-7.

[16]熊珍琴,辛娜.中国制造业突破全球价值链低端锁定的战略选择[J].福建论坛(人文社会科学版),2015(2):34-38.

[17]任保全,刘志彪,任优生.全球价值链低端锁定的内生原因及机理——基于企业链条抉择机制的视角[J].世界经济与政治论坛,2016(5):1-23.

[18]郭进,徐盈之,顾紫荆.我国产业发展的低端锁定困境与破解路径——基于矫正城镇化扭曲视角的实证分析[J].财经研究,2018(6):64-76.

[19]戴美虹,李丽娟.民营经济破局出口低端锁定:互联网的作用[J].世界经济研究,2020(3):16-32.

[20]施贞怀,石彦培,赵浩云.技术创新能破解国际分工低端锁定吗?[J].世界经济研究,2024(4):57-72.

[21]李美娟.中国企业突破全球价值链低端锁定的路径选择[J].现代经济探讨,2010(1):76-79.

[22]胡国恒.制度红利、能力构建与产业升级中"低端锁定"的破解[J].河南师范大学学报(哲学社会科学版),2013,40(1):144-148.

[23]杜宇玮,周长富.锁定效应与中国代工产业升级——基于制造业分行业面板数据的经验研究[J].财贸经济,2012(12):78-86.

[24] 熊珍琴,辛娜.中国制造业突破全球价值链低端锁定的战略选择[J].福建论坛(人文社会科学版),2015(2):34-38.

[25] 张慧明,蔡银寅.中国制造业如何走出"低端锁定"——基于面板数据的实证研究[J].国际经贸探索,2015(1):52-65.

[26] 吕越,吕云龙,高媛.中间品市场分割与制造业出口的比较优势——基于全球价值链的视角[J].产业经济研究,2017(5):51-61.

[27] 于光辉,李元旭,张鹏.跨界知识搜索与本土化战略——来自中国企业海外子公司的证据[J].国际商务,2022(5):123-137.

[28] 丁蕾,张所地.跨国公司需求波动管理下的"低端锁定"生成图景[J].软科学,2017(1):63-66.

[29] 胡大立,殷霄雯,胡京波.战略俘获、能力丧失与代工企业低端锁定——基于网络关系能力的调节作用[J].当代财经,2020(1):89-100.

[30] 耿松涛,杨晶晶.中国旅游装备制造业低端锁定的作用机制及突破路径研究[J].学习与探索,2020(4):130-136.

[31] 王钺.数字经济破解我国产业发展低端锁定困境的影响机制研究[J].管理现代化,2023,43(2):1-11.

[32] 杜宇玮,熊宇.市场需求与中国制造业代工超越——基于GVC与NVC的比较分析[J].产业经济研究,2011(2):36-42.

[33] 丁宋涛,刘厚俊.垂直分工演变、价值链重构与"低端锁定"突破——基于全球价值链治理的视角[J].审计与经济研究,2013(5):105-112.

[34] 杨水利,易正广,李韬奋.基于再集成的"低端锁定"突破路径研究[J].中国工业经济,2014(6):122-134.

[35] 易开刚,孙漪.民营制造企业"低端锁定"突破机理与路径——基于智能制造视角[J].科技进步与对策,2014(6):73-78.

[36] 陈静,卢进勇.中国企业全球价值链"低端锁定"成因及对策分析[J].哈尔滨商业大学学报(社会科学版),2015(3):48-57.

[37]卢福财,胡平波.全球价值网络下中国企业低端锁定的博弈分析[J].中国工业经济,2008(10):23-32.

[38]杜传忠,冯晶,李雅梦.我国高技术制造业低端锁定及其突破路径实证分析[J].中国地质大学学报(社会科学版),2016(4):114-124.

[39]丁宋涛,刘厚俊.垂直分工演变、价值链重构与"低端锁定"突破——基于全球价值链治理的视角[J].审计与经济研究,2013(5):105-112.

[40]王旦.金融市场发展对中国制造业全球价值链分工地位的影响研究[D].北京:中央财经大学,2022.

[41]邱斌,叶龙凤,孙少勤.参与全球生产网络对我国制造业价值链提升影响的实证研究——基于出口复杂度的分析[J].中国工业经济,2012(1):57-67.

[42]戴翔.服务贸易自由化是否影响中国制成品出口复杂度[J].财贸研究,2016(3):1-9.

[43]陈怡,陈铖.企业数字化转型对出口技术复杂度的影响[J].南京财经大学学报,2024(4):100-110.

[44]周升起,兰珍先,付华.中国制造业在全球价值链国际分工地位再考察——基于Koopman等的"GVC地位指数"[J].国际贸易问题,2014(2):3-12.

[45]吴鹏,夏楚瑜.嵌入全球价值链与低端锁定——收入维度的倒"U"型关系[J].上海管理科学,2019,41(5):104-108.

[46]ANTRÀS P,CHOR D,FALLY T. Measuring the upstreamness of production and trade flows[J]. American economic review papers & proceedings,2012(3):412-416.

[47]王飞,郭孟珂.我国纺织服装业在全球价值链中的地位[J].国际贸易问题,2014(12):14-24.

[48]马风涛.中国制造业全球价值链长度和上游度的测算及其影响因素分析——基于世界投入产出表的研究[J].世界经济研究,2015(8):3-10.

[49] 董有德,唐云龙.中国产业价值链位置的定量测算——基于上游度和出口国内增加值的分析[J].上海经济研究,2017(2):42-48.

[50] 彭水军,吴腊梅.中国在全球价值链中的位置变化及驱动因素[J].世界经济,2022,45(5):3-28.

[51] 刘洪铎,陈和.广东省在全球生产链上分工地位的演进及其省际比较研究——基于行业上游度测算视角[J].南方经济,2016(5):115-130.

[52] 齐俊妍,任奕达.数字经济发展、制度质量与全球价值链上游度[J].国际经贸探索,2022,38(1):51-67.

[53] 苏敬勤,高昕.中国制造企业的低端突破路径演化研究[J].科研管理,2019(2):86-96.

[54] 赵春明,刘珊珊,李震.生产性服务业开放对企业出口国内附加值率影响研究[J].亚太经济,2023(3):109-122.

[55] 罗翔,吴一丁,赖丹.我国稀土产业"低端锁定"态势破解研究——基于微观企业效率视角[J].稀土,2015,36(6):142-148.

[56] 车树林.全球价值链嵌入对数字创意产业高质量发展的影响[J].南京社会科学,2023(5):52-62.

[57] 王静.全球价值链嵌入的生产率效应——基于双向嵌入视角[J].价值工程,2020,39(5):145-149.

[58] 袁嘉琪,卜伟,杨玉霞.如何突破京津冀双重"低端锁定"?——基于区域价值链的产业升级和经济增长效应研究[J].产业经济研究,2019(5):13-26.

[59] NIKZAD R. Transfer of technology to canadian manufacturing industries through patents transfer of technology to canadian manufacturing industries through patents[J]. Australian economic papers,2012(4):210-227.

[60] GILLES H. The role of analysts in intra-industry information transfer[J]. The accounting review,2013(4):1265-1287.

[61]曾繁华,何启祥,冯儒,等.创新驱动制造业转型升级机理及演化路径研究——基于全球价值链治理视角[J].科技进步与对策,2015(24):45-50.

[62]胡国恒.利益博弈视角下本土企业的价值链升级与能力构建[J].世界经济研究,2013(9):10-16.

[63]翟士军,黄汉民.基于全球风险指数的制度质量对价值链竞争力提升研究[J].国际经贸探索,2016(7):42-52.

[64]彭新敏,马帅.国际领先客户、国内产学研与后发企业追赶[J].科学研究,2023,41(4):659-668.

[65]吴先明,梅诗晔.基于自主创新的追赶战略:资源依赖视角[J].经济管理,2016,38(6):29-40.

[66]郝凤霞,张璘.低端锁定对全球价值链中本土产业升级的影响[J].科研管理,2016,37(S1):131-141.

[67]刘东阁,庞瑞芝.数字化转型能改善企业创新"低端锁定"困境吗——基于知识溢出的视角[J].山西财经大学学报,2023,45(5):84-98.

[68]葛新庭,谢建国.人才引进能否破局价值链低端锁定——基于中国制造业企业出口附加值的研究[J].国际经贸探索,2023,39(3):19-35.

[69]刘维林.产品架构与功能架构的双重嵌入——本土制造业突破GVC低端锁定的攀升途径[J].中国工业经济,2012(1):152-160.

[70]张枢盛,陈劲,杨佳琪.基于模块化与价值网络的颠覆性创新跃迁路径——吉利汽车案例研究[J].科技进步与对策,2021,38(4):1-10.

[71]张小溪.中国价值链升级的对策研究——基于"双循环"发展的视角[J].福建论坛(人文社会科学版),2020(11):49-59.

[72]朱明珠,孙菁.全球价值链新一轮重构下中国企业突破低端锁定的路径选择[J].商业经济研究,2020(14):144-147.

[73]马丹,郁霞,翁作义.中国制造低端锁定破局之路:基于国内外双循环的新视角[J].统计与信息论坛,2021(1):32-46.

[74] 袁野.降低融资约束与全球价值链中我企业分工地位的提升机制[D].武汉:武汉理工大学,2017.

[75] 张滢.外资进入与中国全球价值链地位:低端锁定还是高端攀升?[J].企业经济,2024,43(1):85-94.

[76] 倪卓,金爱玲.东北边疆民族地区乡镇产业结构发展的个案研究——基于图们市月晴镇的案例分析[J].集宁师范学院学报,2019(6):36-40.

[77] 陈碧琼,张梁梁.川西少数民族地区经济发展的制约因素研究[J].地域研究与开发,2013(1):35-40.

[78] 罗洪群,田乐蒙,王凤,等.西部民族地区产业发展的结构障碍及调整策略[J].软科学,2012,26(8):83-86.

[79] 戴鸿丽.民族地区产业结构绿色转型路径探析——以辽东绿色经济区为例[J].满族研究,2023(1):28-36.

[80] 刘秀兰,王珏,付强.西部民族地区产业结构的问题与对策[J].财经科学,2010(5):101-109.

[81] 李俊杰,马楠.产业资源相对承载力视角下民族地区产业发展与经济增长路径研究[J].中国人口·资源与环境,2017,27(3):123-129.

[82] 侯光明,景睿,王俊鹏,等.系统视角下资源型区域的创新发展路径研究[J].管理现代化,2020,40(4):60-65.

[83] 金海峰,李圣华,张荣.西部民族地区数字普惠金融、产业结构升级与经济高质量发展[J].黑龙江民族丛刊,2023(4):74-81.

[84] 吴梦羽,刘妤.财政支出对民族地区产业结构的诱导效应研究[J].财会研究,2023(7):13-22.

[85] 刘湘.民族地区低碳经济发展现状与路径探析[J].北方民族大学学报,2022(6):154-161.

[86] 薛继亮,涂坤鹏,暴文博.民族地区产业结构与就业结构的匹配程度研究[J].民族研究,2023(4):31-46.

[87]张荣光,邱启文,鄢宇昊.西部资源型地区产业发展与溢出效应:一个时空双维度研究[J].科技进步与对策,2022,39(16):87-94.

[88]杨洪林,徐磊.民族文化资源产业开发的困境与对策——以恩施土家族苗族自治州为例[J].湖北民族学院学报(哲学社会科学版),2016,34(1):61-65.

[89]丁从明,马鹏飞,廖舒娅.资源诅咒及其微观机理的计量检验——基于CFPS数据的证据[J].中国人口·资源与环境,2018,28(8):138-147.

[90]严红.内生增长——西部民族地区打破资源诅咒"的路径选择[J].生态经济,2017,33(9):54-58.

[91]张伟豪.新形势下民族地区资源型城市转型发展探析[J].贵州民族研究,2018,39(7):141-144.

[92]张林,李俭星.基于专利地图的地方产业技术演化路径研究——以广西制糖业为例[J].人文地理,2016(5):47-55.

[93]朱华友.产业外部性对地区经济转型发展的影响:广西制造业的实证[J].社会科学家,2017(1):67-73.

[94]郭利芳.攀西地区资源型产业结构的演进与发展[J].特区经济,2012(3):225-228.

[95]张苏强,刘魁.西南少数民族地区的绿色发展探究[J].贵州民族研究,2018,39(8):177-180.

[96]朱红.政府管理中产业规划问题研究——云南资源型产业转型升级实证研究[J].云南行政学院学报,2018,20(5):166-169.

[97]赵秋运,蒋美,朱欢.资源型城市产业转型升级路径研究:从"资源诅咒"到"资源祝福"[J].江南大学学报(人文社会科学版),2024,23(1):89-101.

[98]沈山,王欢欢,仇方道.西部民族地区资源再生型产业转型探讨——以阿坝藏族羌族自治州为例[J].阿坝师范学院学报,2018,35(1):41-47.

[99] 侯博文. 凉山彝族自治州资源型产业转型升级研究——以矿产资源型产业为例[J]. 中国市场, 2021(17):29-31.

[100] 杨玉文. 民族地区资源开发的"荷兰病"效应探究[J]. 经济问题探索, 2013(2):56-60.

[101] 严红. 内生增长——西部民族地区打破"资源诅咒"的路径选择[J]. 生态经济, 2017,33(9):54-58.

[102] 易鑫,尹响,王思佳. 西南民族地区融入南向"一带一路"经济走廊的现状、挑战及对策建议[J]. 民族学刊, 2021,12(12):38-49.

[103] 牛秀红. 基于结构方程的资源型产业影响因素研究[J]. 中国矿业, 2017,26(2):77-82.

[104] 陈妍,王士君,梅林. 东北地区非资源型城市与资源型城市产业转型的对比研究[J]. 地理研究, 2021,40(3):808-820.

[105] 卢治达. 碳金融对资源型产业低碳化的影响研究——基于CDM的实证研究[J]. 金融理论与实践, 2020(11):57-62.

[106] 朱俏俏,孙慧,王士轩. 中国资源型产业及制造业碳排放与工业经济发展的关系[J]. 中国人口·资源与环境, 2014,24(11):112-119.

[107] 刘媛媛,孙慧. 资源型产业集聚环境外部性效应研究——基于区域面板数据的实证检验[J]. 生态经济, 2021,37(4):37-43.

[108] 王锋正,孙玥,赵宇霞. 全球价值链嵌入、开放式创新与资源型产业升级[J]. 科学学研究, 2020,38(9):1706-1718.

[109] 卓越,张珉. 全球价值链中的收益分配与"悲惨增长"——基于中国纺织服装业的分析[J]. 中国工业经济, 2008(7):131-140.

[110] 杨仁发,郑媛媛. 数字经济发展对全球价值链分工演进及韧性影响研究[J]. 数量经济技术经济研究, 2023,40(8):69-89.

[111] 刘志彪,张杰. 我国本土制造业企业出口决定因素的实证分析[J]. 经济研究, 2009,44(8):99-112.

[112] 朱燕. 以新质生产力推动构建"双循环"新发展格局的理论逻辑与现实路径[J]. 当代经济研究, 2024(8): 52-59.

[113] 李廉水, 程中华, 刘军. 基于再集成的"低端锁定"突破路径研究[J]. 中国工业经济, 2015(2): 63-75.

[114] 张一帆, 朱晟君, 贺灿飞. 全球化下战略耦合模式对区域产业进入的影响——以珠三角为例[J]. 地理科学进展, 2024, 43(8): 1471-1480.

[115] 王三兴, 董文静. 中国制造业的分工地位和国际竞争力研究——基于行业上游度和RCA指数的测算[J]. 南京财经大学学报, 2018(4): 44-52.

[116] ERNST H, LICHTENTHALER U, VOGT C. The impact of accumulating and reactivating technological experience on R&D alliance performance[J]. Journal of management studies, 2011(6): 1194-1216.

[117] 曹勇, 曹轩祯, 罗楚珺, 等. 我国四大直辖城市创新能力及其影响因素的比较研究[J]. 中国软科学, 2013(6): 162-170.

[118] 金环, 于立宏, 徐远彬. 数字经济、要素市场化与企业创新效率[J]. 经济评论, 2024(5): 20-36.

[119] 郭进, 徐盈之, 顾紫荆. 我国产业发展的低端锁定困境与破解路径——基于矫正城镇化扭曲视角的实证分析[J]. 财经研究, 2018, 44(6): 64-76.

[120] 张林, 高安刚. 系统视角下的国家竞争力新模型研究[J]. 人文地理, 2013, 28(4): 96-102.

[121] 邵帅, 范美婷, 杨莉莉. 资源产业依赖如何影响经济发展效率-有条件资源诅咒假说的检验及解释[J]. 管理世界, 2013(2): 32-63.

[122] 万建香, 汪寿阳. 社会资本与技术创新能否打破"资源诅咒"?——基于面板门槛效应的研究[J]. 经济研究, 2016(12): 76-89.

[123] 张生玲, 李跃, 酒二科. 路径依赖、市场进入与资源型城市转型[J]. 经济理论与经济管理, 2016(2): 14-27.

[124] BECK T, LEVINE R, LEVKOV A. Big bad banks? The winners and losers from bank deregulation in the United States[J]. Journal of finance, 2010, 65(5):1637-1667.

[125] 刘瑞明,赵仁杰. 国家高新区推动了地区经济发展吗?——基于双重差分方法的验证[J]. 管理世界,2015(8):30-38.

[126] 王庶,岳希明. 退耕还林、非农就业与农民增收——基于21省面板数据的双重差分分析[J]. 经济研究,2017(4):106-119.

[127] 黎文靖,李耀淘. 产业政策激励了公司投资吗[J]. 中国工业经济,2014(5):122-134.

[128] 孟庆玺,尹兴强,白俊. 产业政策扶持激励了企业创新吗——基于"五年规划"变更的自然实验[J]. 南方经济,2016(12):1-25.

[129] 温忠麟,张雷,侯杰泰. 中介效应检验程序及其应用[J]. 心理学报,2004(5):614-620.

附录 主要原始数据

附表1 2010—2020年煤炭开采和洗选业销售产值和利润

单位:亿元

年份	工业销售产值				利润总额			
	全国	贵州	云南	广西	全国	贵州	云南	广西
2010	21 538.61	633.68	244.15	21.53	3 446.52	84.22	36.07	2.24
2011	28 296.02	971.14	349.68	27.87	4 560.86	119.75	49.84	3.07
2012	30 240.63	1 185.15	501.3	28.82	3 808.1	141.28	56.6	2.86
2013	28 886.79	1 410.07	567.52	37.97	2 680.19	102.79	51.88	−0.14
2014	26 025.16	1 554.95	311.14	42.22	1 424.34	63.17	5.23	−1.36
2015	20 793.3	1 577.22	317.28	52.17	405.07	53.74	3.67	−1.24
2016	19 843.01	1 572.98	334.89	56.21	1 159.53	59.93	−20.66	−1.05
2019	—	—	—	—	2 837.49	57.79	16.26	0.17
2020	—	—	—	—	2 221.57	53.65	28.28	0.41

注:由于2018年、2019年没有公布中国工业统计年鉴,2020年与2021年中国工业统计年鉴不再统计工业销售产值指标,因此数据截至2016年。"—"表示数据缺失。

数据来源:中国工业统计年鉴。

附表2 2010—2020年煤炭开采和洗选业资产规模和从业人数

年份	资产规模/亿元				从业人数/万人			
	全国	贵州	云南	广西	全国	贵州	云南	广西
2010	29 941.66	912.83	346.15	35.44	527.19	27.32	14.93	1.48
2011	37 936.27	1 161.58	463.71	46.1	520.98	26.3	13.73	1.57
2012	44 807.04	1 525.47	623.69	53.66	—	—	—	—
2013	49 059.47	2 055.00	661.31	119.73	529.68	29.79	14.94	1.70
2014	52 319.4	2 301.91	679.9	86.07	488.43	28.17	10.58	1.57

续表

年份	资产规模/亿元				从业人数/万人			
	全国	贵州	云南	广西	全国	贵州	云南	广西
2015	53 788.47	2 426.8	636.55	81.09	443.21	25.01	8.99	0.87
2016	53 371.26	2 249.2	577.46	87.63	397.11	22.53	7.96	1.19
2019	52 651.43	2 154.47	660.58	87.63	284.68	17.63	6.94	0.44
2020	59 712.45	2 279.69	655.13	67.69	270.18	16.96	5.72	0.39

数据来源同附表1。

附表3 2010—2020年金属矿采选业销售产值和利润

单位：亿元

年份	工业销售产值				利润总额			
	全国	贵州	云南	广西	全国	贵州	云南	广西
2010	9 498.98	18.06	235.24	224.36	1465.1	2.4	41.58	36.82
2011	12 572.44	25.85	296.42	328.06	2 025.14	2.97	52.2	52.82
2012	13 990.1	35.55	341.43	419.14	1 919.98	4.41	34.7	56.45
2013	15 636.28	65.04	385.81	488.88	1 802.94	12.45	28.47	55.94
2014	15 679.37	98.38	385.69	503.2	1 433.6	5.32	27.2	53.94
2015	13 471.85	119.49	348.49	497.95	970.08	8.45	12.99	39.92
2016	12 536.87	127.44	381.61	454.96	869.66	14.58	13.98	38.28
2019	—	—	—	—	555.75	3.08	38.11	12.38
2020	—	—	—	—	759.75	1.47	65.69	0.41

数据来源同附表1。

附表4 2010—2020年金属矿采选业资产规模和从业人数

年份	资产规模/亿元				从业人数/万人			
	全国	贵州	云南	广西	全国	贵州	云南	广西
2010	9 068.60	18.44	546.82	143.32	122.44	0.67	5.5	4.08
2011	10 713.01	18.04	641.43	191.65	118.57	0.52	5.4	3.78
2012	12 332.71	26.37	714.25	218.33	—	—	—	—

续表

年份	资产规模/亿元				从业人数/万人			
	全国	贵州	云南	广西	全国	贵州	云南	广西
2013	14 110.11	43.96	841.09	261.42	126.40	0.83	6.52	4.17
2014	15 529.55	54.70	803.51	264.82	122.20	0.92	6.00	3.68
2015	16 388	55.35	793.59	405.94	107.7	0.93	4.53	4.01
2016	15 558.9	72.67	729.24	363.63	91.59	0.85	3.78	3.33
2019	15 069.61	62.40	719.98	306.03	57.34	0.65	3.81	2.03
2020	17 916.08	60.66	1 013.57	248.08	55.73	0.53	3.55	1.49

数据来源同附表1。

附表5 2010—2020年非金属矿及其他矿采选业销售产值和利润

单位:亿元

年份	工业销售产值				利润总额			
	全国	贵州	云南	广西	全国	贵州	云南	广西
2010	2 994.72	27.49	60.23	77.87	276.16	4.16	7.26	5.79
2011	3 772.32	58.28	67.49	113.38	358.14	11.90	10.52	11.66
2012	4 173.3	70.07	84.51	138.67	384.75	15.66	11.71	15.95
2013	4 951.26	118.47	91.77	173.31	425.78	17.6	14.10	20.40
2014	5 419.94	171.87	85.30	225.39	413.42	14.31	9.61	23.91
2015	5 539.19	204.01	87.81	232.42	422.24	0.34	12.13	25.61
2016	5 603.91	286.89	84.36	270.41	405.70	26.04	4.58	20.76
2019	—	—	—	—	344.52	7.47	9.48	10.67
2020	—	—	—	—	364.02	6.23	10.04	9.79

数据来源同附表1。

附表6 2010—2020年非金属矿及其他矿采选业资产规模和从业人数

年份	资产规模/亿元				从业人数/万人			
	全国	贵州	云南	广西	全国	贵州	云南	广西
2010	1 882.30	23.05	117.26	49.72	56.54	0.46	1.38	1.97

续表

年份	资产规模/亿元				从业人数/万人			
	全国	贵州	云南	广西	全国	贵州	云南	广西
2011	2 120.85	26.97	133.05	59.24	53.53	0.54	1.31	1.98
2012	2 623.15	46.05	161.38	71.12	—	—	—	—
2013	3 167.30	71.11	203.56	83.38	54.00	1.04	1.35	1.92
2014	3 716.12	111.19	227.17	103.89	58.20	5.51	1.33	1.96
2015	4 110.94	124.21	267.73	117.48	57.06	5.65	1.28	2.25
2016	3 995.55	143.16	274.36	128.54	53.12	5.98	1.12	2.23
2019	4 160.22	114.32	225.01	105.49	30.05	0.90	0.91	1.42
2020	5 698.23	115.50	206.79	192.42	29.56	0.74	0.89	1.76

数据来源同附表1。

附表7 2010—2020年化学工业销售产值和利润

单位：亿元

年份	工业销售产值				利润总额			
	全国	贵州	云南	广西	全国	贵州	云南	广西
2010	51 722.99	328.91	548.42	520.94	3 997.72	18.59	40.56	45.01
2011	65 985.62	455.50	731.07	636.67	4 800.20	42.33	49.6	55.21
2012	73 045.95	545.57	799.55	757.42	4 392.76	42.10	30.42	58.57
2013	82 745.87	607.35	798.24	880.35	4 796.65	35.05	22.96	60.42
2014	89 510.8	651.38	800.74	964.16	4 742.82	18.08	−3.21	61.67
2015	90 577.21	741.92	833.62	1 129.68	4 976.77	35.53	−5.66	65.00
2016	94 669.39	827.20	798.23	1 206.65	5 569.09	44.10	−176.43	73.70
2019	—	—	—	—	4160.1	−19.65	46.67	7.50
2020	—	—	—	—	4 706.09	14.22	55.72	31.92

数据来源同附表1。

附表8 2010—2020年化学工业资产规模和从业人数

年份	资产规模/亿元				从业人数/万人			
	全国	贵州	云南	广西	全国	贵州	云南	广西
2010	42 976.79	584.15	785.8	462.18	518.07	5.63	7.50	9.73
2011	50 156.02	730.26	930.17	547.60	501.13	5.65	7.86	8.89
2012	59 119.53	867.03	1 086.99	641.40	—	—	—	—
2013	67 523.03	1 116.61	1 134.95	720.27	543.42	5.92	8.07	9.57
2014	74 917.75	1 300.65	1 201.65	656.27	545.92	6.13	8.07	8.77
2015	79 268.24	1 339.6	1 268.38	724.8	538.68	5.92	7.36	9.47
2016	83 222.46	1 332.85	1 115.53	766.61	527.97	5.35	7.07	9.35
2019	81 712.12	1 415.11	985.53	561.94	396.05	4.53	6.24	4.60
2020	87 616.56	1 162.80	1 011.51	629.54	382.14	3.71	5.89	4.17

数据来源同附表1。

附表9 2010—2020年非金属矿物制品业销售产值和利润

单位:亿元

年份	工业销售产值				利润总额			
	全国	贵州	云南	广西	全国	贵州	云南	广西
2010	31 326.46	166.82	235.72	580.70	2 858.59	6.14	17.92	66.8
2011	39 285.23	262.96	278.32	811.43	3 587.25	8.34	16.51	89.33
2012	44 156.17	344.42	344.87	991.06	3 438.24	11.41	16.04	94.48
2013	52 253.06	594.26	425.89	1 219.33	4 040.14	52.77	23.01	119.53
2014	58 239.63	844.18	466.22	1 423.19	4 130.53	53.75	18.14	140.48
2015	59 988.2	985.78	453.69	1 640.68	3 789.36	40.07	6.13	148.54
2016	63 057.45	1 238.82	554.73	1 808.87	4 243.65	77.93	34.82	149.98
2019	—	—	—	—	4 887.78	61.55	114.30	178.13
2020	—	—	—	—	5 054.68	40.95	104.37	210.10

数据来源同附表1。

附表10 2010—2020年非金属矿物制品业资产规模和从业人数

年份	资产规模/亿元				从业人数/万人			
	全国	贵州	云南	广西	全国	贵州	云南	广西
2010	25 567.37	268.34	392.82	561.20	544.61	5.32	5.99	15.33
2011	29 888.96	317.69	441.26	692.17	517.03	5.66	5.24	15.6
2012	35 407.84	440.17	523.19	769.25	—	—	—	—
2013	41 451.58	651.29	646.08	816.43	568.55	6.14	6.36	17.72
2014	46 575.62	819.75	731.23	894.93	595.19	7.95	6.48	18.32
2015	49 076.71	922.64	726.38	1 013.39	589.86	8.57	6.35	19.57
2016	50 865.83	1 023.12	784.67	1 070.84	577.23	8.64	6.38	20.35
2019	54 672.50	1 184.21	1 039.62	1 373.62	455.72	8.01	7.00	13.92
2020	62 166.57	1 093.59	1 133.19	1 626.14	457.02	7.34	6.95	15.00

数据来源同附表1。

附表11 2010—2020年金属冶炼及压延加工业销售产值和利润

单位：亿元

年份	工业销售产值				利润总额			
	全国	贵州	云南	广西	全国	贵州	云南	广西
2010	78 724.71	606.59	1 542.20	1 630.20	3 769.65	12.45	107.75	79.39
2011	98 227.72	803.25	2 101.00	2 097.22	4 306.86	16.94	117.66	87.78
2012	105 725.45	881.61	2 291.09	2 577.08	3 458.33	27.69	56.49	45.47
2013	114 865.41	992.29	2 464.11	3 056.37	3 850.61	1.04	8.49	73.53
2014	117 181.15	1 032.01	2 437.77	3 458.46	3 489.45	1.49	-8.41	71.79
2015	107 738.30	1 052.74	1 926.87	3 526.70	2 049.47	20.84	-64.79	75.13
2016	109 222.80	1 162.28	1 819.16	4 031.61	3 765.45	29.18	-12.78	136.93
2019	—	—	—	—	4 433.41	31.86	88.63	138.15
2020	—	—	—	—	4 528.00	36.20	107.34	184.71

数据来源同附表1。

附表12 2010—2020年金属冶炼及压延加工业资产规模和从业人数

年份	资产规模/亿元				从业人数/万人			
	全国	贵州	云南	广西	全国	贵州	云南	广西
2010	66 282.38	579.56	1 733.02	1 321.24	537.22	9.21	17.41	14.34
2011	75 735.61	730.20	2 082.31	1 613.71	532.54	9.64	17.98	13.8
2012	86 293.14	838.97	2 459.98	1 723.91	—	—	—	—
2013	97 063.37	967.92	2 700.80	2 184.96	620.9	8.68	19.46	14.88
2014	101 435.48	872.88	2 838.70	1 408.62	613.52	6.95	18.25	13.74
2015	102 744.61	886.83	2 716.94	2 318.17	567.32	6.37	16.13	12.65
2016	103 694.42	913.33	2 805.25	2 357.38	521.12	5.66	14.76	12.77
2019	107 994.04	999.77	3 145.40	3 248.41	393.78	3.74	12.48	10.63
2020	105 947.93	914.02	3 532.33	4 031.68	375.58	3.69	12.60	11.26

数据来源同附表1。

附表13 2010—2020年金属制品业销售产值和利润

单位:亿元

年份	工业销售产值				利润总额			
	全国	贵州	云南	广西	全国	贵州	云南	广西
2010	19 649.67	43.23	48.90	97.74	1 364.73	1.30	2.26	9.35
2011	22 882.48	43.73	54.23	175.54	1 545.71	1.94	2.62	17.53
2012	28 970.62	61.85	75.08	207.59	1 843.79	1.50	3.00	14.38
2013	33 207.42	100.92	72.38	266.69	3.34	3.34	3.16	12.27
2014	36 612.45	147.44	102.45	319.46	2 160.81	4.93	5.53	21.53
2015	37 671.69	181.72	98.86	389.11	2 239.34	5.94	3.80	27.02
2016	39 334.97	207.82	137.65	428.66	2 392.88	12.22	5.80	29.31
2019	—	—	—	—	1 785.97	13.27	4.58	11.87
2020	—	—	—	—	1 881.71	10.50	4.96	5.38

数据来源同附表1。

附表14 2010—2020年金属制品业资产规模和从业人数

年份	资产规模(亿元)				从业人数(万人)			
	全国	贵州	云南	广西	全国	贵州	云南	广西
2010	13 155.29	46.22	77.59	57.77	344.64	1.36	1.03	2.16
2011	15 191.47	50.16	74.11	80.03	311.51	1.29	1.16	2.15
2012	19 410.9	78.47	107.90	155.27	—	—	—	—
2013	22 235.49	98.26	103.00	172.00	371.97	1.69	1.32	2.73
2014	26 013.06	126.11	114.94	192.18	380.12	1.95	1.35	3.05
2015	25 889.81	145.78	123.02	217.12	380.82	2.05	1.36	3.20
2016	26 725.62	295.16	135.03	225.89	364.6	2.18	1.47	3.45
2019	29 960.13	192.58	149.44	140.87	354.87	1.97	1.44	2.13
2020	32 971.57	241.95	160.08	172.68	356.93	1.74	1.37	2.20

数据来源同附表1。

附表15　2007年相关省(区、市)资源型产业的最终需求距离指数

行业	广西	云南	贵州	内蒙古	重庆	四川	陕西	甘肃	青海	宁夏	新疆
R1	-0.0 003	0.0 005	0.0 356	0.1 153	0.0 026	0.0 094	0.0 277	0.0 026	0.0 001	0.0 100	0.0 037
R2	0.0 071	0.0 054	0.0 062	0.0 547	0.0 008	0.0 068	0.0 481	0.0007	0	0.0 026	0.0 164
R3	0.0 181	-0.0 240	0.0 246	0.0 593	0.0 053	0.0 065	0.0 080	0.0 200	0.0 005	0.0 009	0.0 033
R4	0.0 340	0.0 334	0.0 122	0.0 314	0.0 162	0.0 448	0.0 250	0.0088	0.0 004	0.0 020	0.0 069
R5	0.0 120	0.0 105	0.0 158	0.0 129	0.0 101	0.0 165	0.0 178	0.0 048	0.0 021	0.0 062	0.0 088
R6	0.0 093	0.0 026	0.0 039	0.0 257	0.0 063	0.0 173	0.0 168	0.0 021	0.0 010	0.0 014	0.0 026
R7	0.0 270	0.0 455	0.0163	0.0 448	0.0 030	0.0 126	0.0 191	0.0 244	0.0 021	0.0 048	0.0 057
R8	0.0 053	0.0 025	0.0 186	0.0 043	0.0 036	0.0 269	0.0 145	0.0018	0.0 031	0.0 016	0.0 171

数据来源:国家统计局国民经济核算司.中国地区投入产出表(2007)[M].北京:中国统计出版社,2011。

附表16　2012年相关省(区、市)资源型产业的最终需求距离指数

行业	广西	云南	贵州	内蒙古	重庆	四川	陕西	甘肃	青海	宁夏	新疆
R1	0.0 002	0.0 070	0.0 275	0.1 386	0.0 106	0.0 116	0.1 072	0.0 037	0.0 006	0.0 935	0.0 038
R2	0.0 194	0.0 093	0.0 028	0.0 558	0.0 088	0.0 384	0.0 330	0.0 060	0.0 034	0	0.0 115
R3	0.0 112	0.0 054	0.0 084	0.0 086	0.0 024	0.0 119	0.0 459	0.0 103	0.0 001	0.0 004	0.0 857
R4	0.0 279	0.0 282	0.0 159	0.0 309	0.0 174	0.0 504	0.0 223	0.0 088	0.0 009	0.0 033	0.0 085
R5	0.0 077	0.0 107	0.0 141	0.0 145	0.0 201	0.0 187	0.0 159	0.0 077	0.0 033	0.0 063	0.0 093
R6	0.0 136	0.0 032	0.0 087	0.0 395	0.0 208	0.0 263	0.0 197	0.0 075	0.0 034	0.0 033	0.0 063
R7	0.0 206	0.0 309	0.0 164	0.0 543	0.0 201	0.0 070	0.0 388	0.0 273	0.0 021	0.0 098	0.0 127
R8	0.0 052	0.0 019	0.0 108	0.0 249	0.0 092	0.0 177	0.0 195	0.0 035	0.0 013	0.0 015	0.0 086

数据来源同附表15。

附表17 2017年相关省(区、市)资源型产业的最终需求距离指数

行业	广西	云南	贵州	内蒙古	重庆	四川	陕西	甘肃	青海	宁夏	新疆
R1	0.0 007	0.0 103	0.0 364	0.1 567	0.0 011	0	0.1 040	0.0 019	-0.0 001	0.0 099	0.0 017
R2	0.0 194	0.0 023	0.0 105	0.0 358	0.0 288	0.0 001	0.0 511	0.0 045	0.0 052	0.0 001	0.0 112
R3	0.0 087	0.0 023	0.2 018	0.0 168	0.0 279	0.0 009	0.0 522	0.0 013	0	0.0 057	0.0 179
R4	0.0 284	0.0 290	0.0 210	0.0 184	0.0 254	0.0 470	0.0 342	0.0 081	0.0 019	0.0 041	0.0 074
R5	0	0.0 061	0.0 310	0.0 145	0.0 872	0.0 122	0.0 338	0.0 052	0.0 010	0.0 094	0.0 051
R6	0.0 034	0.0 018	0.0 123	0.0 051	0.0 168	0.0 044	0.0 230	0.0 071	0.0 003	0.0 044	0.0 043
R7	0.0 006	0.0 265	0.0 310	0.0 503	0.0 339	0.0 016	0.0 524	0.0 257	0.0 065	0.0 118	0.0 261
R8	0.0 969	0.0 026	0.0 124	0.0 016	0.1 501	0.0 071	0.0 124	0.0 046	-0.0 001	0.0 019	0.0 013

数据来源同附表15。

附表18　2003—2021年非金属矿物制品业、金属制品业专利申请数

单位:件

年份	非金属矿物制品业				金属制品业			
	全国	贵州	广西	云南	全国	贵州	广西	云南
2003	41 539	123	329	274	42 162	248	444	422
2004	47 788	163	278	336	46 982	263	389	359
2005	60 642	257	294	383	56 968	407	428	448
2006	76 151	398	338	410	69 069	401	458	554
2007	96 136	341	368	348	83 423	455	559	598
2008	119 634	353	464	459	97 843	605	591	712
2009	144 181	425	592	551	130 953	966	722	886
2010	178 410	502	710	674	158 122	703	865	1012
2011	247 538	849	1 018	755	198 666	1 354	1 272	1141
2012	336 572	1 461	1 307	990	260 418	2 311	1 820	1511
2013	297 405	2 236	1 910	1 106	281 290	3 279	2 813	1 786
2014	298 639	3 320	2 959	1 318	296 285	4 128	3 577	2 112
2015	352 649	1 668	3 942	1 677	361 107	2 421	4 726	2 553
2016	397 675	2 081	5 107	1 955	429 260	3 287	5 925	2 992
2017	452 578	3 385	5 043	2 654	549 255	5 098	6 973	4 137
2018	489 669	3 682	3 971	3 114	631 570	5 896	5 644	5 029
2019	537 003	4 245	4 384	3 412	743 695	7 150	6 261	5 567
2020	633 219	4 900	5 870	4 417	971 874	8 731	9 280	7 686
2021	516 460	3 941	5 153	3 807	770 031	6 851	8 015	6 958

附表19　2003—2021年金属矿采选业、金属冶炼和压延加工业专利申请数

单位:件

年份	金属矿采选业				金属冶炼和压延加工业			
	全国	贵州	广西	云南	全国	贵州	广西	云南
2003	331	7	1	8	7 099	39	72	108
2004	387	4	4	24	9 284	107	41	139

续表

年份	金属矿采选业				金属冶炼和压延加工业			
	全国	贵州	广西	云南	全国	贵州	广西	云南
2005	499	11	0	10	11 480	157	33	207
2006	704	4	8	31	13 993	214	54	185
2007	870	6	12	30	15 820	169	100	189
2008	1 096	0	5	42	20 615	204	108	285
2009	1 423	8	27	70	25 996	582	132	383
2010	1 743	10	41	74	29 288	113	122	361
2011	2 211	20	22	130	36 913	441	222	506
2012	3 047	26	55	109	47 277	217	337	479
2013	3 900	35	110	112	51 697	289	652	729
2014	4 960	32	100	115	54 505	631	707	703
2015	6 060	41	168	152	60 940	417	1 063	734
2016	7 026	52	139	218	69 519	596	1 498	758
2017	8 538	113	129	240	77 039	430	1 248	767
2018	9 657	136	158	220	78 630	563	772	1 071
2019	11 210	92	90	226	85 406	571	861	862
2020	13 346	123	135	265	92 218	637	840	1 004
2021	10 022	92	84	272	72 582	503	755	922

附表20 2003—2021年化学工业、食品制造业专利申请数

单位:件

年份	化学工业				食品制造业			
	全国	贵州	广西	云南	全国	贵州	广西	云南
2003	24 875	129	203	275	3 708	43	34	75
2004	26 117	115	196	288	3 957	41	51	78
2005	33 233	224	205	402	5 240	43	37	82
2006	42 352	240	249	460	6 719	71	65	119
2007	50 655	326	379	477	8 421	94	90	182
2008	65 533	375	438	768	11 321	63	130	216

续表

年份	化学工业				食品制造业			
	全国	贵州	广西	云南	全国	贵州	广西	云南
2009	80 855	598	535	827	12 875	88	112	231
2010	99 757	537	703	1 087	14 961	95	187	276
2011	122 965	665	1 048	1 083	18 764	196	324	313
2012	157 278	1 065	2 114	1 472	24 458	271	843	343
2013	195 086	1 304	4 112	1 603	36 636	352	1 652	515
2014	218 176	1 905	5 864	1 879	44 489	743	2 534	570
2015	253 471	1 848	7 381	2 182	50 778	878	3 807	675
2016	313 370	2 730	11 949	3 037	58 722	1 436	6 227	800
2017	345 054	3 564	9 937	3 328	57 900	1 723	4 438	941
2018	358 026	4 097	5 599	3 575	49 984	1 676	2 199	800
2019	338 057	2 920	3 568	3 505	36 760	616	816	674
2020	358 189	2 817	3 946	3 799	38 770	564	677	633
2021	278 309	2 252	3 240	3 283	31 897	448	663	587

附表21 2000—2012年资源型产业劳动生产率

单位:千元/人

年份	全国	广西	云南	贵州
2000	112.40	91.84	61.56	76.58
2001	132.37	104.71	92.41	78.96
2002	155.82	115.29	97.68	99.19
2003	194.04	144.90	119.43	164.32
2004	264.99	178.90	175.09	154.58
2005	327.77	221.02	234.32	169.92
2006	410.13	293.64	351.37	229.23
2007	501.83	369.73	376.25	273.65
2008	636.98	522.53	422.66	343.08
2009	631.23	494.38	420.58	351.71
2010	58.66	51.68	54.75	39.71

续表

年份	全国	广西	云南	贵州
2011	1 030.98	811.05	717.18	720.94
2012	1 023.14	904.42	784.85	749.48

数据来源：依据中国工业企业数据库（2000—2012年）整理而得。

附表22　2000—2011年资源型产业废气单位产值排放量

单位：万标立方米/千元

年份	全国	广西	云南	贵州
2000	0.33	0.65	0.55	1.09
2001	0.36	1.09	0.82	0.76
2002	0.34	0.85	0.69	0.43
2003	0.32	0.61	0.53	0.33
2004	0.28	0.53	0.58	0.32
2005	0.24	0.47	0.47	0.28
2006	0.22	0.42	0.34	0.45
2007	0.19	0.38	0.37	0.37
2008	0.16	0.23	0.34	0.66
2009	0.19	0.29	0.34	0.32
2010	2.10	3.15	3.35	3.22
2011	0.14	0.18	0.29	0.22

注：2012年中国工业企业数据库无废气排放量指标。

数据来源同附表21。

附表23　2000—2012年四个典型资源型产业劳动生产率

单位：千元/人

年份	金属冶炼及压延加工业		化学工业		金属制品业		食品制造业	
	全国	西南地区	全国	西南地区	全国	西南地区	全国	西南地区
2000	166.51	98.10	164.59	107.86	148.72	74.00	203.88	129.24

续表

年份	金属冶炼及压延加工业		化学工业		金属制品业		食品制造业	
	全国	西南地区	全国	西南地区	全国	西南地区	全国	西南地区
2001	212.84	57.39	186.68	118.77	167.82	109.95	238.56	133.31
2002	253.70	172.81	231.03	147.64	185.42	97.52	273.17	167.31
2003	356.29	281.59	296.62	174.07	218.92	262.24	310.89	142.42
2004	549.56	362.64	398.59	242.79	273.39	100.37	385.37	245.15
2005	682.42	448.29	503.09	309.13	313.01	137.07	1 003.29	736.93
2006	858.54	703.25	625.49	365.62	373.78	160.05	512.75	358.46
2007	1 100.58	841.35	801.26	437.28	420.63	231.19	611.10	423.80
2008	1 474.21	1 095.02	872.39	529.20	471.75	218.02	707.29	470.37
2009	1 296.53	806.82	941.48	502.58	491.73	329.16	781.43	526.98
2010	147.74	98.04	94.36	56.66	39.79	32.85	58.26	59.72
2011	2 387.95	1 884.98	1 428.10	893.28	698.13	506.29	953.94	683.91
2012	2 301.14	2 030.49	1 411.32	986.37	725.03	538.40	1 003.29	736.93

数据来源同附表21。

附表24 2000—2012年四个典型资源型产业废气单位产值排放量

单位:万标立方米/千元

年份	金属冶炼及压延加工业		化学工业		金属制品业		食品制造业	
	全国	西南地区	全国	西南地区	全国	西南地区	全国	西南地区
2000	0.58	2.80	0.30	0.47	0.10	0.08	0.07	0.25
2001	0.59	1.72	0.26	0.49	0.04	0.10	0.05	0.23
2002	0.53	1.33	0.26	0.43	0.04	0.39	0.06	0.22
2003	0.47	0.91	0.22	0.46	0.03	0.05	0.07	0.24
2004	0.37	0.58	0.18	0.33	0.02	0.07	0.05	0.22
2005	0.34	0.43	0.15	0.35	0.04	0.01	0.04	0.15

续表

年份	金属冶炼及压延加工业		化学工业		金属制品业		食品制造业	
	全国	西南地区	全国	西南地区	全国	西南地区	全国	西南地区
2006	0.34	0.45	0.15	0.33	0.03	0.02	0.04	0.12
2007	0.25	0.31	0.12	0.28	0.03	0.03	0.03	0.10
2008	0.25	0.27	0.10	0.21	0.04	0.13	0.03	0.13
2009	0.26	0.35	0.10	0.31	0.21	0.05	0.04	0.11
2010	2.72	3.26	1.07	3.11	0.32	0.17	0.40	0.88
2011	0.25	0.33	0.07	0.18	0.02	0.02	0.02	0.08

数据来源同附表21。

附表25　2007年资源型产业投入

单位:亿元

行业	总投入			物质投入			科技投入		
	广西	云南	贵州	广西	云南	贵州	广西	云南	贵州
R1	6.76	74.87	221.12	5.17	44.97	149.21	0.02	3.78	1.11
R2	73.99	109.06	19.18	52.58	78.82	5.75	1.53	0.36	0
R3	18.43	21.18	20.26	9.60	12.52	11.17	0.02	0	0.17
R4	727.72	465.57	189.56	614.96	361.50	142.47	1.72	3.55	2.43
R5	433.50	405.28	335.93	368.05	281.57	264.37	2.66	5.03	1.56
R6	253.46	112.12	93.90	205.57	83.63	77.26	0.75	0.87	0.22
R7	1071.11	1246.50	449.48	915.01	957.39	364.84	1.48	4.86	0.97
R8	34.65	16.67	25.16	30.23	13.86	20.74	0.13	0.02	0.13

数据来源:国家统计局国民经济核算司.中国地区投入产出表(2007)[M].北京:中国统计出版社,2011。

附表26 2012年资源型产业投入

单位:亿元

行业	总投入			物质投入			科技投入		
	广西	云南	贵州	广西	云南	贵州	广西	云南	贵州
R1	13.81	313.03	771.80	10.61	219.73	582.80	0.02	9.73	0.25
R2	203.76	240.44	11.06	153.59	185.66	4.16	2.71	6.35	0.03
R3	97.44	106.91	30.08	66.60	79.93	15.85	0.11	0.40	0.03
R4	1 744.07	1 033.75	461.66	1 501.90	873.73	360.82	0.38	8.23	3.59
R5	976.17	875.78	769.81	828.78	723.94	610.13	0.94	7.07	1.27
R6	834.09	363.84	323.83	682.40	299.29	265.63	0.16	1.29	0.04
R7	2 051.73	1 828.09	822.83	1 902.78	1 543.08	673.83	0.03	7.73	0.23
R8	144.40	71.63	43.45	125.83	61.98	34.71	0.06	0.37	0.03

数据来源同附表25。

附表27 2017年资源型产业投入

单位:亿元

行业	总投入			物质投入			科技投入		
	广西	云南	贵州	广西	云南	贵州	广西	云南	贵州
R1	17.31	220.05	871.47	11.67	88.84	658.06	0.10	0.02	0.29
R2	214.01	299.08	92.25	158.29	234.86	21.35	1.02	0.09	0.27
R3	158.46	62.23	450.62	108.07	29.20	237.38	1.42	0.49	0.40
R4	2 356.69	1 363.40	574.06	1 959.49	1 223.87	455.10	3.44	3.29	3.23
R5	1 352.52	944.08	2 137.46	1 089.18	760.20	1 683.52	11.96	1.10	2.58
R6	1 175.43	400.69	368.05	919.51	314.09	301.99	2.44	0.19	0.05
R7	2 700.00	1 763.70	1 545.18	2 318.62	1 500.36	1 285.85	5.42	0.50	0.48
R8	268.48	94.21	94.31	218.79	71.77	75.35	0.34	0.11	0.06

数据来源同附表25。

附表28 2008—2016年市场化水平

年份	西南地区	全国
2008	4.87	5.45
2009	4.83	5.50
2010	4.53	5.41
2011	4.66	5.55
2012	4.97	5.94
2013	5.08	6.11
2014	5.37	6.50
2015	5.07	6.58
2016	5.28	6.72

数据来源:王小鲁,胡李鹏,樊纲.中国分省份市场化指数报告(2021)[M].北京:社会科学文献出版社,2022。

附表29 2015—2019年市场化水平

年份	西南地区	全国
2008	4.79	5.69
2009	5.08	5.92
2010	5.11	5.99
2011	5.15	5.80

注:由于2008—2016年市场化指数的基期是2008年,2015—2019年市场化指数的基期为2016年,因此2008—2016年市场化指数与2015—2019年市场化指数不具有可比性,故将其分为两个表格。

数据来源:王小鲁,胡李鹏,樊纲.中国分省份市场化指数报告(2021)[M].北京:社会科学文献出版社,2022。

附表30 2011—2018年数字普惠金融指数

年份	西南地区	全国
2011	25.76	40.00

续表

年份	西南地区	全国
2012	83.22	99.69
2013	133.53	155.35
2014	161.60	179.75
2015	201.43	220.01
2016	216.71	230.41
2017	256.56	271.98
2018	283.98	300.21

数据来源：北京大学数字金融研究中心公布的《北京大学数字普惠金融指数2011—2018》。该指数最新数据为2018年。